Urte von Berg
Dorothy von Moltke
Eine Biographie

Urte von Berg

Dorothy von Moltke

Eine Biographie

WALLSTEIN VERLAG

Für die Familien von Moltke und Deichmann

Bibliografische Information der Deutschen Nationalbibliothek

Die Deutsche Nationalbibliothek verzeichnet
diese Publikation in der Deutschen Nationalbibliografie;
detaillierte bibliografische Daten sind im Internet
über http://dnb.d-nb.de abrufbar.

Wallstein Verlag, Göttingen 2020
www.wallstein-verlag.de
Vom Verlag gesetzt aus der Stempel Garamond
Umschlaggestaltung: Susanne Gerhards, Düsseldorf
Druck: Hubert und Co, Göttingen
ISBN 978-3-8353-3729-9

Inhalt

Vorbemerkung 7

Kaiserzeit 8
Zeit des Umbruchs 66
Jahre der Zuversicht 95
Das Berghaus 135
Von der Demokratie zur Diktatur 172
Das Jahr 1934 219
Das Ende 233
Ausblick 235

Anmerkungen 242
Literatur 246

Vorbemerkung

Biographien über Helmuth James von Moltke stützen sich zu einem guten Teil auf Briefe seiner Mutter an ihre Eltern in Südafrika. Beate Ruhm von Oppen hat eine Auswahl dieser Briefe aus den Jahren 1907 bis 1934 aus dem Englischen ins Deutsche übersetzt, jedoch kaum kommentiert.[1]

In den Briefen zeigt sich eine britisch erzogene, kluge Frau, die ihre deutsche Welt zu verstehen sucht. Vielleicht haben heutige Leser Mühe, ihre originellen Bemerkungen und Urteile zum Alltagsgeschehen gebührend würdigen zu können. So hat sich dieses Buch zum Ziel gesetzt, anhand einer Auswahl der veröffentlichten Briefe den politischen und gesellschaftlichen Hintergrund auszuleuchten und damit diese ungewöhnliche Frau in ihrer Zeit lebendig werden zu lassen.

Bemerkenswert ist ihre Loyalität der neuen Heimat gegenüber, ihre Tapferkeit in Krisenzeiten und ihre Liebe zu den Menschen, die ihr anvertraut sind. Dabei ist von besonderer Bedeutung ihr Einfluss auf den ältesten Sohn Helmuth James von Moltke.

Kaiserzeit

Wie es begann

Ein achtzehnjähriges Mädchen befindet sich mit seiner Mutter auf einer Bildungsreise in Europa. Jessie Rose Innes und ihre Tochter Dorothy sind in Pretoria, Südafrika, zu Hause. Man schreibt das Jahr 1902 – vier Wochen hatte die Dampferfahrt nach Southampton gedauert. Nach Aufenthalten in London und Paris sind die Damen nun auch in Deutschland angekommen und steigen in Dresden im Hotel *Weißer Hirsch* ab. In der Zeitung lesen sie eine Anzeige: »Schlesischer Landhaushalt« sucht Bridgepartner als paying guests. Kommt das nicht wie gerufen? Nach den vielen kulturellen Eindrücken ist eine Pause auf dem Land nicht zu verachten. Vielleicht ist auch der Einblick in niederschlesisches Landleben nicht ohne Reiz. Die Entfernung von Dresden ist nicht allzu groß; Dorf und Schloss Creisau, nach 1930: Kreisau, liegen 70 km südwestlich von Breslau in Niederschlesien, am Fuße des Eulengebirges.

Wie ist es zu dieser Annonce gekommen?

Der Erbe Creisaus, Helmuth von Moltke, war im heiratsfähigen Alter. Seine Mutter Ella Gräfin von Moltke, geb. Bethusy-Huc (1856-1924) glaubte an Geisterbeschwörung; sie veranstaltete Séancen und ließ sich heimlich von einer Zigeunerin aus der Hand lesen. Danach war ein junges Mädchen mit einer blauen Halskette zu erwarten, das dem Haus viel Glück bringen würde. Nachdem Dorothy Rose Innes mit ihrer Mutter in Creisau angekommen war, sich umgezogen hatte und abends die Treppe im Schloss hinabschritt, trug sie ein weißes Kleid mit einer blauen Halskette; ahnungslos entsprach sie einer Prophezeiung, die fortan ihr Leben bestimmen sollte.[2]

Dorothy mit ihrer Mutter
(1903)

Helmuth von Moltke (genannt »Muti«) hatte eine schöne Stimme. Nach dem Abendessen und der ersten Runde Bridge schlug er Dorothy vor, mit ihm zu musizieren, ihn am Klavier zu begleiten. So fanden sie zusammen, obgleich sie sich kaum unterhalten konnten, denn die junge Südafrikanerin sprach kein Deutsch. Helmuths schöner Bariton bezauberte das junge Mädchen mit Liedern von Franz Schubert, wie er schon andere Damen bezaubert hatte.

Ein Landjunker als Sänger? Helmuth war als Kind schwer krank gewesen. Zunächst litt er an Diphtherie, dann an Tuberkulose, beides Krankheiten, die Ende des 19. Jahrhunderts noch zum Tode hätten führen können, schließlich litt er an »einem schweren Nervenleiden«.[3] Doch seine für Spirituelles offene Mutter, genannt »Muttel«, hatte die Hoffnung nicht aufgegeben; 1899 brachte sie ihren Sohn zu einer Heilerin der *Christian Science* nach Hannover. Innerhalb von zwei Monaten wurde Helmuth durch Gebete geheilt und glaubte wie seine Mutter fest daran, dass er der *Christian Science* sein Leben zu verdanken hatte.

Diese von der Amerikanerin Mary Baker Eddy (1821-1910) gegründete Sekte war inzwischen auch in Schlesien bekannt, es gab Standorte in Breslau und in der Kreisstadt Schweidnitz. Von eigenen Heilungserfahrungen ausgehend, hatte Mary Baker Eddy ein System des Heilens entwickelt und nannte es *Christian Science*. Nach ihrer Lehre ist Krankheit einem Leben fern von Gott zuzuschreiben, denn Gott ist gut und duldet kein Leiden. Nur durch Glauben und Gebet ist eine Rückkehr zu Gott und zum Heiler Jesus möglich. Anhänger dieser Sekte verlassen sich auf die Kraft des Gebets und lehnen medizinische Heilverfahren ab; im Volksmund heißen sie *Gesundbeter*.[4]

Die Sekte fand in der Familie und im Freundeskreis zahlreiche Anhänger. Auch Helmuth von Moltke der Jüngere (1848-1916), Generalstabschef unter Wilhelm II. und Neffe des berühmten Generalfeldmarschalls, sah sich geheilt von innerer Nervosität und einer extremen Sehschwäche durch Frances Thurber Seal (ca. 1860-1930), der Begründerin der *Christian Science* in Deutschland und Norwegen.

Wie lässt sich der erstaunliche Erfolg dieser Sekte erklären? Auch die *Christian Science* von Mary Baker Eddy war Ausdruck der Sinnsuche ihrer Zeit. Die rasante Entwicklung von Technik und Industrie seit der Mitte des 19. Jahrhunderts hatte zu einem tiefgreifenden Bewusstseinswandel geführt. Viele Menschen fühlten sich von der modernen Welt verunsichert und überfordert, allgemeine Zivilisationskritik war die Folge. Der Fortschrittsglaube wurde als trügerisch empfunden, man suchte nach geistigem Halt, den die etablierten Landeskirchen nicht immer zu bieten vermochten. Je nach Bildungsgrad reichte die Sinnsuche vom schlichten Aberglauben, wie ihn »Muttel« praktizierte, bis zur Theosophie Rudolf Steiners, von der noch die Rede sein wird.

Aus Dankbarkeit für seine Genesung wurde der junge Helmuth zum Heiler und hat sein Leben lang für *Christian Science* gearbeitet. Da er wegen seiner Krankheiten keine standesgemäße Ausbildung zum Offizier oder Juristen erhalten konnte, hatte er sich mit Hilfe seiner Mutter der Musik zugewandt und Gesangunterricht erhalten.

Wie gesagt, Dorothy erlag seinem Charme und seiner schönen Stimme, Helmuth warb um sie, doch konnte er sich in beiden Familien zunächst nicht durchsetzen. Eine britisch erzogene Südafrikanerin als spätere Gräfin von Moltke: unmöglich! Dorothys Mutter wiederum wollte ihr Kind nicht an ein schlesisches Gut weit weg von Pretoria verlieren und floh mit ihrer Tochter vor dem stürmischen »Young Teuton« nach Paris.

Doch Helmuth gab nicht auf und hatte Glück, was sein Werben anging; sein Vater Wilhelm Graf von Moltke starb überraschend am 12.1.1905 nach einem Sturz mit dem Pfer-

Hochzeit

dewagen an einer Hirnverletzung. Als Chef des Hauses konnte Muti nun seinen Willen durchsetzen: er eilte nach London, wo die Damen sich erneut aufhielten, und erreichte sie noch vor der Rückreise nach Südafrika. Dorothys Eltern wollten dem Glück ihrer Tochter nicht im Weg stehen, doch war es insbesondere für den Vater James Rose Innes ein großer Schmerz, nun durch vierwöchige Seereisen von seinem geliebten einzigen Kind getrennt zu sein. Die Hochzeit fand am 18.10.1905 in Pretoria statt.

In Creisau fand Dorothy eine wohlgeordnete Welt vor. Bescheidener Wohlstand bestimmte das Landleben – bescheiden, weil die Mahlzeiten einfach waren, denn man lebte vorwiegend von den Erträgen des Gutes; »Kolonialwaren« wie Tee, Kaffee oder Kakao wurden sorgfältig gehütet, der Würfelzucker in silbernen Dosen verschlossen. Eine Hausschneiderin kam zweimal im Jahr, fertigte die Kinderkleidung an und besserte die Tischwäsche aus.

Der als selbstverständlich empfundene Wohlstand zeigte sich in geräumigen und schön gestalteten Landhäusern oder Schlössern, deren Einrichtung oft kultivierter war als die jeweiligen Bewohner. Es gab Bibliotheken mit kostbaren Erstausgaben, in Bücherschränken hinter Glastüren verwahrt, aber wenig gelesen. Wertvolle Bilder gehörten seit jeher zum Haus, kaum kannte man die Namen der Maler. Regelmäßig kam ein neues Ahnenbild hinzu.

Zum Wohlstand gehörten auch Dienstboten für Haus, Hof und Park, die sich der Familie und dem Haus zugehörig fühlten. Oft waren sie mit den Arbeitern auf dem Hof verwandt. Unverzichtbar war der Umgang mit Tieren; Kinder lernten früh, ein Fuhrwerk zu lenken und ein Pferd zu reiten – Hunde waren Hausgenossen.

Die Hausfrau machte den Küchenzettel und besprach ihn einmal wöchentlich mit der Mamsell, der Köchin. Die zahlreichen Gäste aus der Verwandtschaft und dem Freundeskreis blieben oft Wochen, wenn nicht Monate; die Kosten für ihre Verpflegung waren zu kalkulieren. Die Gutsherrin kümmerte sich um das Wohlergehen der Dienstboten, die zum Teil im Haus, zum Teil in Wohnungen auf dem Hof lebten. Kindermädchen galt es zu lenken und zu beaufsichtigen.

Schloss Creisau Anfang des 20. Jahrhunderts

Der Hausherr verwaltete das Gut mit Hilfe eines Inspektors. Letzterem kam entscheidende Bedeutung zu, denn der Gutsbesitzer war nicht immer ein guter Landwirt. Doch ritt er über seine Felder und machte sich auch auf dem Hof ein Bild von der Wirtschaft.

Für das Verfolgen eigener Interessen, für Spiel und Sport, für Lesen und eben auch für das Spielen von Bridge blieb genügend Zeit. Die Geselligkeit beschränkte sich weitgehend auf den Verkehr mit den benachbarten Gütern. Besuche in der Hauptstadt Berlin zu Hofbällen oder privaten Festen waren eher selten; dort trugen die Damen ihre ausladenden Hüte und aufwendigen Garderoben, während sie sich zu Hause betont einfach kleideten. Protz war verpönt – den überließ man den Neureichen in ihren Gründervillen. Allerdings hatten wohlhabende Familien eine Stadtwohnung.

Als Dorothy im Jahr 1905 nach Creisau heiratete, warf

der I. Weltkrieg bereits seine Schatten voraus. Rivalitäten zwischen den europäischen Großmächten um den Besitz von Kolonien waren Anlass zur Sorge. Doch auf dem Land war davon wenig zu spüren. Die seit Generationen erlebte Verbindung von Thron und Altar, die Gewissheiten einer Monarchie gaben den Menschen ein Lebensgefühl von Sicherheit und Vertrauen; man konnte sich nicht vorstellen, dass es je anders werden könnte.

Helmuth James erlebte das unschätzbare Geschenk einer behüteten Kindheit in dieser geordneten Welt – seine ersten sieben Lebensjahre lagen in der Kaiserzeit. In einem Brief an seine kleinen sechs und zwei Jahre alten Söhne Caspar und Konrad, Anfang Februar 1944 aus dem Gestapo-Gefängnis in Berlin geschrieben, gibt er einen Einblick in seine Kinderwelt:

> Die Eltern lebten im großen Schloss und bewohnten es ganz; es gab zahlreiche Hausmädchen, eine Mamsell, zwei Diener, einen Jäger in Paradeuniform, mehrere Kutscher und einen ganzen Stall voll Reit- und Kutschpferde. Hinter dem Schloss fing gleich der Park an, der sich die ganze Peile entlang bis zur Grenze mit Schwengfeld hinzog. Die Peile schlängelte sich in Windungen entlang, und ihr ganzer Lauf war mit vielen Bäumen bestanden, sehr schönen Bäumen zum Teil […][5]

Dorothys Leben verläuft zunächst in großzügigem Stil, wie er ihrem freien Charakter zusagt. Sie spielt Tennis, lernt Reiten und Kutschieren, verändert die Einrichtung des Schlosses nach ihrem Geschmack, kauft sich schöne Kleider. Sie lernt Deutsch nach Schlegels Übersetzungen von Shakespeares Dramen, versucht sich an deutschen

Dorothy jungverheiratet
(1905)

Klassikern und, kritisch beäugt von der Verwandtschaft, an Dramen von Ibsen und Shaw in deutscher Übersetzung. Sie abonniert englische und deutsche Zeitungen, um auf dem Laufenden zu bleiben.[6]

1884 geboren, verbrachte sie ihre ersten Kinderjahre in Kapstadt als einziges Kind eines angesehenen Politikers; nach der Nobilitierung ihres Vaters (1901) zog die Familie nach Pretoria um. Südafrika war seit 1806 Britische Kronkolonie. Grenzkriege gegen Stämme der Bantu und zwei Burenkriege hatten im 19. Jahrhundert das koloniale Leben geprägt; noch Dorothys Großvater William Dods Pringle (1809-1878) hatte sich im harten und gefahrvollen Leben eines Siedlers bewähren müssen. Erst 1910, als Dorothy sich längst in Creisau eingelebt hatte, entstand die Südafrikanische Union als unabhängiger Staat im Britischen Commonwealth.

Ihre Jugend war geprägt durch die starken Persönlichkeiten ihrer Eltern und deren politische und soziale Aktivitäten; darum entwickelte sie schon früh ein lebhaftes Interesse für Politik. Sie lernte die Institutionen der angelsächsischen Demokratie kennen und wurde vertraut mit britischer Wesensart. Diese Weltsicht hat sie nie verlassen und bestimmte von Beginn an ihren kritischen oder auch amüsierten Blick auf preußische und deutsche Verhältnisse.

Dorothy liebte ihren Mann, doch sprach sie zunächst kein Deutsch und war in der neuen Umgebung eine Fremde. Doch war sie offensichtlich schon als junges Mädchen so selbständig und mutig, dass sie sich dieses neue Leben zutraute. Dabei half ihr die enge Verbindung mit den Eltern – zwischen Creisau und Pretoria entwickelte sich ein regelmäßiger Briefwechsel. Ausführlich schilderte Dorothy ihre Erlebnisse, Eindrücke und Gedanken; sie ließ die Eltern, vor allem den Vater, an ihrem neuen Leben teilhaben.

Die Eltern

James Rose Innes bezeichnete sich selbst als Südafrikaner. Geboren 1855 in Grahamstown (Kapkolonie), heiratete er 1881 Jessie Dods Pringle, die er seit Kindertagen kannte. Beide Familien hatten ihre Wurzeln in Schottland. Die Ehe war ungewöhnlich glücklich. Jessie, eine ausgebildete Krankenschwester, war in Pretoria wie auch in Kapstadt in der Frauenpolitik aktiv; sie wurde Mitglied der »Women's Enfranchisement League« [Liga für die Verleihung des Wahlrechts an Frauen] und 1914 als »Chair of the National Council for Women« [Vorsitzende des Nationalen Rates für Frauen] gewählt.

Jessie in Dresden (1901)

Ihr Ehemann hatte sich zunächst zum Anwalt qualifiziert und verfolgte gleichzeitig eine parlamentarische Karriere in der Kapkolonie – er war *Attorney-General,* d. h. Kronanwalt, in zwei Regierungen. Liberal eingestellt, genoss er hohes Ansehen wegen seiner Geradlinigkeit und Fairness, auch wegen seines unermüdlichen Fleißes.

Sir James Rose Innes

Sein erklärtes politisches Ziel war ein gerechter Umgang mit den Eingeborenen. Auch als Anwalt galt Innes als vorbildlich.

Schon als junger Politiker wurde er auch von Schwarzen gewählt, denn die Bantu genossen ein eingeschränktes Stimmrecht.

Nach seiner Nobilitierung (1901) wurde Sir James im April 1902 zunächst *Judge-President*, dann *Chief Justice* [Oberrichter] des Hohen Gerichts von Transvaal, darauf zog die Familie um nach Pretoria, der Hauptstadt von Transvaal, seit 1910 Hauptstadt von Südafrika. Charakter und Bildung, durch langjährige Erfahrung als Anwalt erworbene Menschenkenntnis sowie sein Wissen um politische Prozesse qualifizierten ihn für das hohe Amt.

Mit der Gründung der Südafrikanischen Union (1910) wurde ein *Court of Appeal* eingerichtet. Dort wurde Sir James Mitglied für fast siebzehn Jahre, in den letzten zwölf Jahren als *Chief Justice* und *Privy Councillor* [Geheimer Staatsrat] der Union sowie als Präsident des *Court of Appeal*.

Im Alter von 72 Jahren zog sich Innes von seinen Ämtern zurück; dadurch wurde er frei, in politischen Fragen offen Stellung zu beziehen. Gegen Gruppierungen, die sich für eine strikte Rassentrennung einsetzten, trat er in leidenschaftlichen Reden für die Wahl- und Bürgerrechte der Schwarzen ein. Mit einer Gruppe Gleichgesinnter gründete er 1929 die *Non-Racial Franchise Association* als Opposition zur geplanten Rassentrennung. Die Bemühungen der *Association* blieben jedoch vergeblich; 1948 wurde die *appartheid* eingeführt. Diskriminierung, Unterdrückung und Gewalt waren die Folge, schlimmer, als Innes voraussehen konnte.[7]

Ein Jahr nach der Hochzeit besuchten die Eltern ihre Tochter in Creisau, in einem ungewöhnlich kalten Winter. Rose Innes erinnert sich in seiner Autobiographie:

Die Härte eines mitteleuropäischen Winters zeigte, was England am Golfstrom hatte. Im Haus war ein offenes Feuer selbstverständlich, eine Zentralheizung oder der altmodische, aber praktische deutsche *ofen* waren unverzichtbar. Natürlich gab es überall Doppelfenster, in den Häusern der Landarbeiter waren die Fensterrahmen bis zum Frühjahr mit Moos abgedichtet. Frische Luft gab es nur durch die Haustür oder den Schornstein. Das alles war gegen moderne Hygiene, doch schien es niemanden zu stören. Die Kinder sahen prachtvoll aus, kräftige kleine »Teutons« mit blanken Augen, blonden Haaren und Apfelbäckchen. Die Welt draußen war weiß, die Bäume glitzerten im Raureif –

> a landscape in startling contrast to the sunny South Africa we had left.
>
> The visit which introduced me to the cold of a German winter was my first initiation into the warmth of a German Christmas.

Rose Innes staunt über den Karpfen als Weihnachtsessen – a fish with more bones than flavour. In Deutschland feiert man nicht am «Christmas Day«, sondern an »Christmas Eve« – *Weihnacht*, the hallowed night. Im Mittelpunkt steht der Weihnachtsbaum, sein zauberhafter Schmuck ist eine deutsche Besonderheit.

Wenn alle vor ihm versammelt sind, liest der Hausherr die Weihnachtsgeschichte vor, dann werden Weihnachtslieder gesungen.

> There are one or two favourites which are sung throughout the Fatherland on Christmas Eve. *Stille Nacht,* for instance, with its haunting melody, goes straight to every German heart. The Christmas *Stimmung* in that country must be experienced to be realized. (S. 221f.)[8]

So könnte Dorothy ihren ersten Winter im Jahr zuvor in Creisau erlebt haben. Bei aller Verliebtheit und Freude am Neuen: der Wechsel von Südafrika, wo sie im Oktober 1905 geheiratet hatte, in den schlesischen Herbst und Winter muss für sie eine herbe Umstellung gewesen sein. Doch in den Briefen ist davon nicht die Rede, sie klagt nie, um die Eltern nicht zu beunruhigen. Schon früh zeigt sie die Fähigkeit, Einsamkeit und Ängste, Enttäuschungen und Verletzungen mit sich selbst abzumachen. Dabei gelingt es ihr schon bald, Creisau mit Wärme und Liebe zu erfüllen, wie es Helmuth James im Brief an Caspar und Konrad schildert:

> Ich kann mich erinnern, daß wir selbst in den viel ärmeren Zeiten der Nachkriegszeit selten weniger als vierzehn Personen zu Tisch waren und sehr oft mehr als zwanzig. Immer waren Gäste da. Kreisau war ja der Familienmittelpunkt, und alle Familienmitglieder hatten und benutzten das Recht, jederzeit zu kommen. Außerdem kamen häufig Freunde, hauptsächlich Musiker und Leute, die mit Christian Science etwas zu tun hatten. So war Mami in einen Strudel von Menschen gestellt, die ihr alle mehr oder weniger fremd waren, deren Sprache sie nur sehr unvollkommen, deren Sitten sie gar nicht kannte, und war zugleich von all ihren Jugendfreunden getrennt. […] Muttel, Papis Mutter war eine sehr starke, ausgesprochen lebensbejahende, lebenslustige und etwas oberflächliche Frau gewesen, die dem Kreisauer Haus den Ruf eines gastfreien, großen Landhauses, in dem es lustig und etwas genial zuging, eingetragen hatte. Das war keine leichte Erbschaft für Mami. Aber in weniger als einem Jahr hatte das Haus ihren Stempel bekommen. Es war alles geblieben, was es gewesen war, es hatte nichts verloren, aber es atmete eine weitere, tiefere und

echtere Liebe und hatte jeden Schatten von Frivolität verloren. Alle, die kamen, waren dort zu Hause, nicht weil es nett und lustig war, sondern weil in dem Haus eine so tiefe menschliche Wärme herrschte, die alle umgab. In dieser Wärme, meine lieben beiden Kleinen, sind wir aufgewachsen, und wer diese Wärme mitbekommen hat, dem wird nie wieder kalt ums Herz werden.[9]

Am 4.2.09 schreibt Dorothy aus Berlin, wo die Moltkes in der Königin-Augusta-Str. 42 eine Stadtwohnung hatten:

Mein vielgeliebter Vater,
dies ist der letzte Brief, den ich Dir schreibe, den du in Europa lesen wirst, und das ist ein sehr trauriger Gedanke. Wie ich wünsche, daß es anders wäre! Es scheint so befremdlich und traurig, daß ich so weit weg von Dir und Mutter und Afrika leben soll – und doch bin ich glücklich und fühle, daß meine Aufgabe und mein Platz hier ist. (S. 6)

Die Taufe

Am 11. März 1907 wird Helmuth James geboren, den sie in den Briefen an die Eltern *the boy* nennen wird; ihm werden noch vier Geschwister folgen.

Stolz und glücklich berichtet sie dem Vater von der Taufe am 5. April:

Mein geliebter Vater,
hätte ich nur die Feder eines geübten Schriftstellers, um Dir alle Ereignisse der Taufe am Mittwoch zu beschrei-

ben! Ich werde jedoch mein Bestes tun, und Mutter wird, wenn du sie siehst, die Lücken füllen.

Die Zeremonie fand im Zimmer des Feldmarschalls statt. Es war 4 Uhr 30. Das Wetter war hell und sonnig.

Der Altar wurde vom Eßzimmer hereingebracht und gegenüber vom Stammbaum aufgestellt, der Teppich aus dem Wohnzimmer wurde davorgelegt, und rechts und links saßen die Gäste. Nachdem alle versammelt waren, kamen Schwester [Ida Hübner, Diakonisse und Gemeindeschwester] mit dem Baby, dann Helmuth und ich herein. Es war eine bewegende Szene – der einfache, historische Raum, die alten Moltkes sehr gerührt bei den Erinnerungen, die auf sie eindrangen, und dieser jüngste aller Moltkes, der sich keiner Vergangenheit oder Zukunft bewußt war, jedoch starken Anteil an der Gegenwart nahm und jeden der Paten, in deren Arme er nacheinander gelegt wurde, mit großen, fragenden Augen ansah. Er trug das Häubchen und Kleid, die Helmuth und dessen Vater vor ihm getragen hatten, und obwohl es ziemlich seekrank war, benahm sich das Söhnchen während der ganzen Zeremonie, die etwa 35 Minuten dauerte, musterhaft.

Erst sangen wir ein Lied, dann kam der Taufakt und eine kurze Predigt. Wir hatten diesen Text gewählt: »Denn ich bin gewiß, daß weder Tod noch Leben, weder Fürstentümer noch Gewalten, weder Gegenwärtiges noch Zukünftiges, noch keine andere Kreatur mag uns scheiden von der Liebe Gottes, die in Christo Jesus ist.« [Römerbrief 8, 38-39] Das ist einer meiner Lieblingstexte – deshalb die Wahl. Nach der Predigt wurde das Kind jedem der Paten der Reihe nach in den Arm gegeben, und zum Schluß hielt ihn Monika [Schwägerin], die jüngste Patin, während das Zeichen des Kreu-

Dorothy mit Baby

zes gemacht und ihm der Name Helmuth James Ludwig Wilhelm Eugen Heinrich gegeben wurde. (Nimmt Euch die Länge den Atem? Helmuth und ich wollten ihn Louis-James nennen, aber weil die Familie so entsetzt darüber war, daß er kein »Helmuth« sein sollte, mußten wir der Tradition folgen.) Dann wurde der Kleine auf meinen Schoß gesetzt, noch ein Lied wurde gesungen, und der Pastor gab uns seinen Segen. So wurde mein Sohn getauft. (S. 1f.)

Das Zimmer des Generalfeldmarschalls Helmuth von Moltke (1800-1891) wurde stets in Ehren gehalten, denn er hatte das Gut Creisau mit Gräditz und Wierischau im Jahr 1867 erworben, nachdem der preußischen König ihm aus Dankbarkeit für den Sieg von 1866 über Österreich eine Donation von 200000 Talern gewährt hatte. Moltke hatte eine Majoratsherrschaft verfügt, d.h. der älteste Sohn hatte das Vorrecht im Erbfall. Für seine Verdienste um den Sieg gegen Frankreich wurde Moltke 1870 in den Grafenstand erhoben, fortan gehörte er dem preußischen *Herrenhaus* an.

Eine ungewöhnliche Ehe

Dorothy ist fasziniert von ihrem Ehemann, von seiner Andersartigkeit, und folgt ihm darin. An den Vater am 2.8.08:

> [...] denn es gibt hier Erstaunen, wenn ein Junker nicht so lebt wie alle anderen.
>
> Ohne Zweifel ist Helmuth äußerst originell und individuell, er ist ein Sonderling, ein gänzlich gesunder und guter, aber Du kannst Dir vorstellen, was für Verwunderung er unter seinen Standesgenossen auslöst, wo man Individualität nicht sehr oft antrifft. (S. 4)

Zum allgemeinen Erstaunen hatte das junge Paar beschlossen, ganzjährig in Creisau zu leben, das eher kleine Gut (400 ha) selbständig zu bewirtschaften und von den Erträgen zu leben. Nur zu den Sitzungen des *Herrenhauses* wollten sie nach Berlin reisen und dort ihre Wohnung

Dorothy (1907)

beziehen, denn als Majoratsherr und Graf ist Helmuth nun Mitglied dieser Kammer des preußischen Parlaments.

Nach dem Vorbild des englischen *House of Lords* gab es in Preußen seit 1854 als erste Kammer des Preußischen Landtags das *Herrenhaus.* Daneben existierte als zweite Kammer das gewählte Abgeordnetenhaus. Mitglieder des *Herrenhauses* gehörten zu 66,5 % dem grundbesitzenden Adel an; es gab in dieser Kammer keine Sozialdemokraten. Das klassische Recht eines Parlaments ist das Haushaltsrecht, denn über den Haushalt kann es die Regierung kontrollieren. In der zweiten Kammer, dem Abgeordnetenhaus, wurde über einzelne Posten des Budgets beraten und abgestimmt, das *Herrenhaus* dagegen durfte nur über den Haushalt als Ganzes beschließen. Damit hatte es keine Gestaltungsmacht, konnte allerdings das Vetorecht in Anspruch nehmen. So hatte das *Herrenhaus* letztlich eine »unüberwindbare Vetomacht« gegen die gesamte Reichspolitik.[10]

Als aufgeschlossene und kulturell interessierte Frau liebt Dorothy diese Aufenthalte in Berlin. Sie geht in Ausstellungen, Konzerte und Vorträge, lernt Museumsdirektoren, Künstler und Wissenschaftler kennen, besucht Empfänge, freut sich, neue und interessante Menschen kennenzulernen. (Brief 6.12.09)

Helmuth dagegen interessiert sich vor allem für seine Arbeit in der *Christian Science,* doch ist er auch standesbewusst und erfüllt seine Pflicht, an den Sitzungen des *Herrenhauses* teilzunehmen.

Am 3.5.10 schreibt Dorothy aus Creisau an ihren Vater:

> Als er letzte Woche im Herrenhaus war, hörte er bei den Debatten zu, aber enthielt sich der Stimme, da er fand, daß er ehrlicherweise nicht abstimmen konnte. Er hat hier in jeder Hinsicht eine isolierte und schwierige Position, denn er ist in vielen Dingen so anders als seine Standesgenossen, und hierzulande ist keiner an Überraschungen dieser Art gewöhnt. Lord Roseberys Rede über die liberalen Ansichten seines Sohnes wäre in Deutschland unmöglich. Und der Y.T. [Young Teuton] entwickelt sehr liberale Ansichten, die ihm den Ruf eines ziemlichen Narren und

Parias einbringen! Selbstverständlich macht es uns nicht viel aus, denn wir wissen, daß es eine Menge intelligente und gute Leute gibt, denen solche Ansichten das Natürlichste von der Welt sind und die sie nicht, wie hierzulande, als hochverräterisch ansehen. Und jemand muß die Mauer der Traditionen und Vorurteile einreißen und die Luft der Freiheit hereinlassen, so daß sich *Individualitäten* (etwas, was beim *»Adel«* in Deutschland sehr fehlt) entwickeln können. [...] Zum Glück sind wir (wie in vielen anderen Dingen in unserem Leben) wirklich eines Sinnes in all diesen Kämpfen, was vielleicht unsere größte Stütze ist. (S. 22f.)

Junker

Der grundbesitzende Landadel Preußens hatte eine besondere Machtstellung, bedingt durch das Dreiklassenwahlrecht (1849-1918), ein Zensuswahlrecht. Die wahlberechtigte Bevölkerung eines jeden Wahlbezirks wurde in drei Gruppen so aufgeteilt, dass auf jede ein Drittel des gesamten Steueraufkommens entfiel; jede dieser Gruppen stellte die gleiche Anzahl Wahlmänner. Da die erste Gruppe aus wenigen vermögenden Wählern mit hohem Steueraufkommen bestand, erhielt sie einen unverhältnismäßig großen Anteil der Sitze im Parlament. So hatte bei den Wahlen von 1908 die erste Gruppe einen Stimmenanteil von 14%, jedoch mit 143 Sitzen einen Mandatsanteil von 34%.[11]

Zusätzlich hatten die »Junker« von einer fünfzig Jahre währenden Hochkonjunktur der Landwirtschaft seit 1876 profitiert. Durch eine Strategie der Abschottung suchten sie ihre Macht zu verteidigen. Man blieb unter sich, heiratete oft in verwandte Familien hinein – eine Südafrikanerin als eine Gräfin Moltke war für viele eine schockierende Ausnahme. Daneben dominierte der Adel in Regierung und Verwaltung, im Heer und in der Diplomatie. Fähige bürgerliche Politiker und Offiziere wurden nobilitiert, um Loyalität gegenüber der Krone zu wahren und sich in adliges Verhalten, in eine adlige Mentalität hineinzufinden; angestrebt wurde eine »adlig-bürgerliche Amtsaristokratie«.[12] Im Reichstag trugen alle Reichskanzler Uniform. Auch der spätere Generalfeldmarschall Helmuth von Moltke machte 1861 keine Ausnahme: Er hatte bürgerliche Offiziersaspiranten abgelehnt, »weil sie die Gesinnung nicht mitbringen, die man in der Armee bewahren muß«.[13] In seinem »Hauptmann von Köpenick« hat Carl Zuckmayer diese Verhältnisse treffend karikiert.

Im Gegensatz zu England hatte die preußische Monarchie eine Öffnung zum Liberalismus, zu den Werten des aufstrebenden Bürgertums, bis 1918 nicht angestrebt. Der Adel hatte sich der modernen Welt nur zögernd geöffnet, sodass er den Anschluss an Wissenschaft und Technik, an die moderne Dienstleistungsgesellschaft versäumte. Darüber hinaus war die praktizierte Abschottung häufig mit reaktionären Verhaltensweisen und Intoleranz verbunden, die eine in liberaler Freiheit aufgewachsene Frau wie Dorothy empören musste.

Wie ihr Brief über die Taufe ihres Ältesten zeigt, ist Dorothy der Tradition nicht abgeneigt, sofern ein freiheitlicher Geist nicht ausgeschlossen wird. In Berlin wird sich zeigen, dass sie neugierig und aufgeschlossen am Hofleben teilnimmt und die großen Bälle durchaus genießt:

Berlin W. 10
Königin-Augusta-Str. 42
9.1.10

Donnerstag [12.1.10]. Gestern war es nett, erst in Potsdam, dann bei Schlippenbachs. Prinz Oskar, einer der Söhne des Kaisers, und der junge Kronprinz von Griechenland waren da. Nachdem ich zum Cotillon aufgefordert worden war und ungefähr 10 Minuten getanzt hatte, erfuhr ich, daß mein Partner der letztere war! Ich brachte mit Mühe einen Satz in der dritten Person heraus und bat ihn dann kühn, Englisch zu sprechen, was er natürlich hervorragend beherrscht.

Danach ging alles viel besser. Aber es war eine echte Überraschung, als ich entdeckte, wer er war, denn ich hielt ihn nur für einen sehr jungen Offizier – und strengte mich nicht allzusehr mit der Konversation an. Zum Essen begleitete mich ein junger Attaché, der Rhodes-Stipendiat in Oxford gewesen war und England liebte, was alle zu tun scheinen, die dort gewesen sind.

Heute stellt uns Tante Julie bei Gräfin Brockdorff vor, der Haupthofdame der Kaiserin, und dann gehen wir zu Frau von Bethmann Hollwegs [Frau des Reichskanzlers] Empfang. […]

Helmuth hat ganz viele Patienten, und das macht es etwas schwierig für ihn, wenn wir so viel ausgehen wie jetzt. Aber es wird nicht lange dauern, und dann haben wir es hinter uns und Seiner Majestät und der Welt im allgemeinen unseren Knicks gemacht. (S. 18f.)

Am 30.1.10:

Ich nehme an, daß Euch beide der Ball bei Eitel Fritzes [Eitel Friedrich war ein Sohn des Kaisers] gestern abend interessieren wird, und so will ich Euch, so viel ich kann, erzählen, solange es noch frisch in meiner Erinnerung ist. Schloß Bellevue liegt tief im Tiergarten und ist sehr alt. Es ist auch sehr schön eingerichtet, und alles sieht so bewohnt aus, benutzt und individuell. Der ganze Palast wird mit Kerzen erleuchtet, mit einer Öllampe hier und da, und das Licht ist wunderbar mild und schön. Der Ballsaal ist oval und weiß, mit einigen schönen grünblauen Marmorsäulen. 100 bis 150 Leute waren da, darunter der Kaiser und die Kaiserin, die Kronprinzessin von Rumänien – eine berühmte Schönheit – Prinz und Prinzessin August Wilhelm, zwei unverheiratete Prinzessinnen und die kleine Prinzessin, die zum ersten Mal »ausgeht«. Dann die Prinzessin Friedrich Leopold mit ihrer Tochter, der Kronprinz von Griechenland und eine Anzahl kleinerer königlicher Hoheiten. Die Fürstin Pleß war auch da, aber ich war von ihrem Aussehen enttäuscht. Ich wurde der Kaiserin vorgestellt, die ein paar Worte Englisch mit mir sprach, und schüttelte dem Kaiser die Hand, aber ich glaube nicht, daß er wußte, wer ich war. Beim Abendessen saß ich am Tisch neben seinem und hatte so eine gute Gelegenheit, ihn zu betrachten. Er ist ein gut aussehender Mann mit schwarzem Schnurrbart, stahlgrauem Haar und sehr lebhaften Augen. Die Kaiserin hat schöne weiße Haare und sieht sanft, freundlich und ziemlich dumm aus. Englisch scheint die internationale Sprache zu sein, die Kronprinzessin von Rumänien, der Kronprinz von Griechenland sprechen es fast ständig, und man hörte es von allen Seiten, die Tochter des italienischen Botschafters sprach es auch und noch weitere; es ist offenbar »schick«! Ich schicke Euch das Menu, das natürlich hervorragend war und sehr elegant serviert. Wir aßen von silbernen Tellern, und überhaupt war es ein sehr interessantes Erlebnis. Ich trug mein grünes Boulmier-Taufkleid und hoffe, daß ich meinen Eltern Ehre gemacht habe! (S. 19f.)

Auch die Moltkes hatten einen Ball auszurichten. Sie laden etwa 150 Gäste ein, auch die meisten Prinzen. Stolz schreibt Dorothy am 28.2.10 an die Eltern:

Dann nach Hause zum Tee und am Abend *der* Ball. Er war wirklich ein großer Erfolg, zumal, da es so ziemlich der letzte Ball der Saison war, jedermann mit viel Schwung tanzte. Der Cotillon[14] war reizend, ein Meer von gelben und weißen Tulpen, Narzissen und Osterglocken, gelbe Rosen und weißer Flieder (Gelb und Weiß sind die schlesischen Farben). Das Abendessen war hervorragend: Ochsenschwanzbrühe in Tassen, Steinbutt mit Champignons, Tournedeaux mit Artischocken, grünen Bohnen und Kartoffeln, kalter Truthahn (kalte Braten sind diesen Winter sehr in Mode) und Salate, Pêches à la Melba und Käseplätzchen. Alle Prinzen hatten verschiedene Krankheiten bis auf Prinz Oskar, der natürlich da war. Ich sage »natürlich«, weil Monika[15] und er leider viel zu viel Zuneigung zu einander gefaßt haben. Es ist ein Jammer, denn es kann unmöglich etwas daraus werden, aber es macht es ihr sehr schwer,

Berlin zu verlassen und wieder mit ihrem alten Leben zu beginnen, wenn all ihre Gedanken hier sind. (S. 21f.)

Dorothy macht sich nichts vor: dass die Prinzen ihr Fest ignorieren, hängt mit den Ansichten und dem Verhalten ihres Mannes zusammen. Die herrlich ironische Formulierung »alle Prinzen hatten verschiedene Krankheiten« zeigt ihre Souveränität; es macht ihr nichts aus.

Während des Festtrubels verfolgt sie in Berlin das politische Geschehen: Die Forderung eines allgemeinen und gleichen Wahlrechts in Preußen durch die Sozialdemokratie wurde nur durch die Linksliberalen unterstützt, das Zentrum verhielt sich schwankend. Reichskanzler Bethmann Hollweg, der liberale Positionen vertrat und sich um einen »Burgfrieden« zwischen Sozialdemokratie und konservativen Parteien bemühte, war mit einem Gesetz zu einer vorsichtigen Reform des preußischen Dreiklassenwahlrechts am Widerstand des *Herrenhauses* gescheitert.[16] Daraufhin gab es im Januar und Februar zahlreiche Demonstrationen gegen das Dreiklassenwahlrecht.

Berlin, 17.2.10

Es freut mich, daß die Deutschen ein albernes Schreckgespenst haben, das sie ebenso nervös macht wie die Engländer. Wo jedem echten Briten bei dem Wort »deutsche Invasion« ein Schauer über den Rücken hinunterläuft, haben die Worte »Sozialdemokraten« und »Revolution« dieselbe Wirkung auf seinen Vetter im Vaterland [im englischen Orginal schreibt Dorothy: *Fatherland*]. Vorigen Sonntag gab es überall große Demonstrationen gegen das neue Reformgesetz, und überall sprachen die Leute so, als ob so etwas wie die französische Revolution bevorstünde! Dabei war es

> wirklich ziemlich harmlos; an einem Ort zückte die Polizei ungeladene Revolver, um die Menge zurückzuhalten, aber sonst war alles so ordentlich wie jede Demonstration in London. Ich wollte sehr gerne die Debatte um das neue Gesetz im Abgeordnetenhaus hören, aber es war ganz unmöglich, Karten zu kriegen. (S. 21)

Bismarck hatte 1878 ein »Gesetz gegen die gemeingefährlichen Bestrebungen der Sozialdemokratie« (Sozialistengesetz) erlassen, praktisch ein Verbot der Partei außerhalb des Reichstags. Nach der Aufhebung des Gesetzes (1890) entwickelte sich die SPD zur Massenpartei. In der nun folgenden Diskussion um deren theoretische Ausrichtung trat Ende der 1890er Jahre Eduard Bernstein für eine Revidierung der Marx'schen Lehre ein. Die Konzentration des Kapitals habe nicht im erwarteten Ausmaß stattgefunden, ein Zusammenbruch des kapitalistischen Systems sei in absehbarer Zeit nicht zu erwarten. Daraus ergebe sich die praktische Folgerung, die Revolution als Ziel aufzugeben und auf demokratischem Weg sozialistische Ziele zu verfolgen. Trotz massiver Widerstände setzte sich diese »revisionistische« Lehre schließlich durch, nicht zuletzt wegen der erfolgreichen Arbeit der Gewerkschaften. Massenstreiks und Demonstrationen waren nunmehr legitime Mittel des Kampfes in demokratischen Gesellschaften. Ziele waren in der von Dorothy erwähnten Situation die Abschaffung des preußischen *Herrenhauses* und die Reform des preußischen Wahlrechts.

Dorothy amüsiert sich über die aufgeregten Reaktionen in ihrer Umgebung. Ob der konservative Adel von den Wandlungen innerhalb der SPD überhaupt etwas erfahren hat? Im Übrigen betont sie in einem Brief aus Creisau vom 30.5.10, dass sie »politisch absolut Südafrikanerin« sei –

> Was heißt, daß ich, was die deutsche Politik angeht, keinen Enthusiasmus oder auch nur Respekt habe: Und das hat sich bei mir nicht im geringsten geändert, seit ich Südafrika vor fast 5 Jahren verließ. (S. 23)

Der wöchentliche Briefwechsel mit den Eltern stärkt ihr Selbstbewusstsein und ihr freies Urteil; er hilft ihr, die angelsächsische Perspektive zu bewahren und sich in der Distanz zu den deutschen Verhältnissen sicher zu fühlen. In Creisau hat sie es nicht leicht, wenn sie auch in ihrer liebevollen, großzügigen Art beliebt und angesehen ist und ihre Rolle als Gutsfrau souverän ausfüllt. Mit ihrer Ehe allerdings steht es nicht zum Besten. Wie viele künstlerisch veranlagte Menschen ist Muti oft unbeherrscht und jähzornig, er lässt seine Launen auch an ihr aus. Indirekt wird in den Briefen deutlich, dass nur seine Besonderheiten, denen Dorothy loyal folgt, die Ehe zusammenhalten, ob es sich um abweichende politische Ansichten oder den Einsatz für die *Christian Science* handelt. Die Eltern in Südafrika werden es gespürt haben, obgleich Dorothy immer wieder versichert, glücklich zu sein und sich am rechten Platz zu fühlen.

An den Vater aus Creisau am 17.7.10:

> Gestern abend, als ich im klaren, stillen Mondschein von Conradswaldau nach Hause fuhr, [...] dachte ich, wie verschieden in vieler Hinsicht meine verheirateten und unverheirateten Jahre sind, und konnte nicht umhin, dankbar zu sein, daß ich verschiedene Seiten des Lebens so reich erlebt habe, verschiedene Standpunkte, verschiedene Ideale, denn es hat mich sehr bereichert. Gewöhnlich lebt und stirbt man in einem Kreis, es kann ein großer und schöner sein, aber es ist trotzdem

Dorothy (1910)

einer, während ich zwei kennengelernt, das beste von beiden aufgenommen (jedenfalls versucht) und meinen eigenen gebildet habe. Das Leben ist merkwürdig. Nach fast fünf Jahren in diesem neuen Kreis empfinde ich immer noch, daß dies mein Platz ist, daß ich eine Aufgabe habe, die kein anderer tun kann (das klingt eingebildet, ist es aber nicht, denn ich weiß sehr wohl, daß *jeder* eine Aufgabe hat); ist es denn ein Wunder, daß ich glücklich bin? Aber es ist schon merkwürdig, daß der Vater mich für diesen Platz gewählt hat. (S. 24)

»Der Vater« – vermutlich hat sie den Vater im Himmel gemeint, der ihr dieses Schicksal beschieden hat. Dorothy ist tapfer und entschlossen, das Beste daraus zu machen, doch ihr Sohn Helmuth James schreibt in seinem Brief an die kleinen Söhne, dass sie »viel geweint hat, oft verzweifelt war – der Mann, den sie liebte, der war nie mit ihr allein.«[17]

Die Kinder

Zum Glück hat sie ihre Kinder. Dorothy zeigt sich in den Briefen als einfühlsame und humorvolle Mutter, die gut beobachtet. In liebevoller Distanz lässt sie jedes ihrer fünf Kinder in seiner Andersartigkeit gelten, sodass sie sich frei entwickeln können; sie begegnet ihnen mit Achtung und Respekt.

Mit ihrem Ältesten, Helmuth James, fühlt sie sich tief verbunden, er ist ihr ganzes Glück. Eine kleine Auswahl aus ihren Berichten über seine frühe Kindheit:

Mittwoch, 1.5.07: Es war gestern so rührend, den kleinen Sohn zu sehen. Er wußte sehr wohl, daß eine neue Person gekommen war, um für ihn zu sorgen, und empfand es sehr stark. Er blickte minutenlang auf die Kinderfrau, und dann sah er mit einem kleinen Schluchzer Schwester an. Es machte uns alle ganz traurig. Er hat eine so zarte Natur, und Schwester sagt, er sei ein *sehr* braves Kind. Er kennt meine Stimme ganz gut, und wenn ich mit ihm spreche, lacht er und antwortet meistens auch. (S. 2f.)

Mittwoch, 2.6.09: Der Junge [the boy] hat ein gütiges und liebendes Herz und ist mit allem freigebig. In Conradswaldau war die kleine Annemarie ungezogen, lag auf dem Boden und weigerte sich aufzustehen. Das bekümmerte den Jungen, der zu ihr ging, ihr gut zuredete: *Helfen Annemarie* und seine Arme ausstreckte. Da auch dies nichts nützte, nahm ich ihn weg, da es für ein Kind nicht gut ist, den Kampf eines anderen mit seiner Mutter zu sehen. Als wir im Nebenzimmer waren, sagte er mit ehrfürchtiger Stimme: *Was wird die Mutter da jetzt sagen?* Und nach einer Pause: *Jetzt wird das Kind einen Klaps kriegen!* Er ist uns beiden die größte Freude auf der Welt, und das ist er für ganz Creisau. Es ist wirklich ganz rührend zu sehen, wie stolz alle Gutsleute auf ihn sind und wie anhänglich. Er kennt die meisten beim Namen und ruft seinen Bekannten laut zu »Maier« oder »Rüster« oder was immer, wenn er sie sieht. (S. 11f.)

Berlin, 7.3.11: Neulich sagte ich zu dem kleinen Helmuth: »Du mußt bald eine Karte an Carl Didi[18] schreiben.« »Nein«, war die Antwort. Ich sagte: »Aber er ist doch dein bester Freund.« Die Antwort war wieder Nein. »Wer ist denn dein bester Freund?« fragte der Y.T. »Mami ist mein bester Freund«, kam die prompte Antwort. Ich brauche Euch wohl nicht zu sagen, daß ich sehr stolz und dabei demütig und äußerst glücklich war. (S. 27)

Dorothy und Helmuth James: die Kollegen
(1912)

In Berlin wird der zweite Sohn Joachim Wolfgang, genannt Jowo, geboren, und Dorothy schreibt dazu am 1.12.09:

> Ja, ich stille das Baby selbst, bis auf die eine Flasche pro Tag. Es sieht so prächtig aus und hat eine *so* heitere und zufriedene Natur. Es hat dunkelblaue Augen, lange dunkle Wimpern und sehr markante Augenbrauen; sei-

ne Nase und Hände sind groß und sein Mund und seine Füße sehr klein und hübsch. Er sieht viel mehr wie ein Moltke aus als der kleine Helmuth, aber sein Haar ist noch dunkel. Wenn es Zeit für seine Mahlzeit ist, meint der kleine Helmuth, er müsse für alles sorgen, und so kommt er herein, und wenn sein Vater auf dem Stuhl sitzt, auf dem ich immer das Baby stille, sagt er im Befehlston: *Weg, Papi, weg, Mami muß da sitzen, der Bruder kommt trinken,* dann zu mir: *Mami, mach dein Kragen auf!* Und erst wenn all das zu seiner Zufriedenheit arrangiert ist, hat er das Gefühl, daß er seine Arbeit getan hat.
(S. 14)

Christian Science

Schwer verständlich, dass Dorothy mit ihrem wachen Verstand ihrem Ehemann Muti auch in seiner Bindung an die *Christian Science* folgte. Hoffte sie, durch gemeinsame geistige Erlebnisse und Erfahrungen ihre Ehe zu festigen? Ihr Vater war besorgt. Im Brief vom 4.5.09 versucht sie ihn zu beruhigen:

Ob sie uns auf die Dauer befriedigt, kann nur die Zeit zeigen. Laß mich sagen, lieber Daddy, wie *sehr* ich Dein Interesse daran schätze, was Dein kleines Mädchen so brennend beschäftigt, und ich finde es lieb von dir, daß Du Dich überhaupt damit abgibst, wenn es auch um meinetwillen ist. Ich bin ganz Deiner Meinung, daß es viel wichtiger ist, die Seele als den Körper zu heilen, glaube aber keinen Augenblick, daß wir nur letzteres tun. In der C.S.

> ist das Heilen von Krankheit wirklich von zweitrangiger Bedeutung, denn ihr hauptsächlicher Wert – abgesehen von Hilfe und Trost – liegt darin, daß sie der Beweis dafür ist, daß wir der Wahrheit etwas näher kommen. […] In der Christian Science habe ich eine rationale Antwort auf alle meine Fragen gefunden, und ich bin nur eine von vielen Tausenden; ich habe den wundervollsten Frieden gefunden, das Allheilmittel für alle Furcht und den stärksten Beweggrund nicht nur für ein reines und rechtes Leben, sondern auch für reines und rechtes Denken. Und es läßt sich nicht leugnen, daß Jesus ständig herumging und heilte, seinen Anhängern befahl, es auch zu tun. (S. 7-9)

Mit ihrem Mann hatte Dorothy im Oktober 1907 sechs Wochen lang an einem Schulungskurs in Hannover teilgenommen, um die Kunst und Wissenschaft christlichen Heilens[19] zu erlernen; das Baby Helmuth James wurde mitgenommen. Wann immer es ihnen möglich war, fuhren sie in den folgenden Jahren zu den jährlichen Schulungstreffen.

Wie entscheidend die *Christian Science* nun auch Dorothys Leben bestimmt, zeigt sich daran, dass sie im Sommer 1911 einen Besuch bei den Eltern in Pretoria verschiebt, um ihren Mann nach Boston zu begleiten. Traurig lässt sie ihre Kinder ein halbes Jahr lang im Stich, um mit Helmuth in einer Arbeitsgruppe *Science and Health* ins Deutsche zu übersetzen. 1927 wurden sie Mitglieder der Mutterkirche.

Boston, 30.9.11:

> […] Ich möchte Euch unsere Einstellung zu unserer Arbeit hier erklären, denn vielleicht fragt Ihr Euch, warum wir dabei bleiben, wenn sie uns so lange fern von unseren

> Kindern und von Euch hält. Wir sehen die Übersetzung des Buches als eine sehr wichtige und große Arbeit an, weil Hunderttausende dadurch besser und gesünder geworden sind und weil wir hoffen, daß durch die Übersetzung weitere Tausende das Glück finden, das wir besitzen. So seht Ihr, daß wir es als ein großes Privileg ansehen, an dieser Arbeit teilzunehmen, die hochinteressant ist, und wir betrachten die Übersetzung als eine Angelegenheit von großer Wichtigkeit. […] Wir wissen, daß sehr viele Menschen in Rußland, Deutschland, der Schweiz nach dem Buch hungern, und so haben wir das Gefühl, daß unsere persönlichen Wünsche und Pläne gegenüber der Notwendigkeit, die Arbeit gründlich und gut zu machen, gar nichts bedeuten. […][20]

Helmuth hatte sich im Frühjahr 1808 in Berlin eine Praxis eingerichtet und beglückende Erfolge als Heiler von einer Lähmung, von Asthma und Hautkrankheiten erlebt. Offenbar hat er die Erfahrung gemacht, dass psychosomatische Krankheiten durch liebevolle Zuwendung, geistigen Zuspruch und Gebet geheilt werden können, wenn der Glaube an die Heilung stark genug ist, sodass eine Harmonisierung von Körper und Geist möglich wird.

Kriegsgefahr

Noch in Boston hören Dorothy und Muti von Deutschland und Kriegsgefahr reden, ausgelöst durch die zweite Marokkokrise.

1911 unternahm Frankreich einen erneuten Versuch, Marokko in seine Kolonien einzubeziehen. Daraufhin wies Berlin die *Panther,* ein deutsches vermeintliches Kriegsschiff an, am 1. Juli 1911 den Hafen von Agadir anzulaufen. Wohl hatte die Firma Mannesmann Schürfrechte an Eisenerz in Marokko, doch darum ging es nicht. Die *Panther* war ein kleines Mehrzweckschiff für den Küstendienst, das eine Instandsetzung nötig hatte; beim *Panthersprung nach Agadir* handelte es sich um eine Demonstration: aller Welt sollte ein deutscher Anspruch auf Kolonien in Übersee vor Augen geführt werden. Daraufhin mobilisierte England einen Teil der *Royal Navy,* und Schatzkanzler Lloyd George machte deutlich, dass sein Land im Falle einer deutschen Herausforderung kriegsbereit an der Seite Frankreichs stehe. Der *entente cordiale* (1904) entsprechend, ging es England mit dieser Warnung darum, die Loyalität gegenüber Frankreich zu betonen und der deutschen Konkurrenz um Kolonien ein Ende zu bereiten.

Die Erregung in Deutschland war groß. In der öffentlichen Meinung überwog das Gefühl, bei der Verteilung internationaler Einflusssphären zu kurz gekommen zu sein. Zum Erstaunen der Nachgeborenen hatte der Gedanke eines Krieges mit Frankreich nichts Erschreckendes, wie Presseberichte in konservativen, nationalliberalen, sogar kirchlichen Zeitungen zeigen. In England und Frankreich war die Stimmung kaum anders.[21]

Wie konnte das sein? Der Krieg 1870/71 lag lange zurück und weckte in Deutschland nur positive Erinnerungen, schließlich hatte er zum deutschen Kaiserreich geführt. Die darauf folgende *belle époque* hatte viele Menschen verwöhnt und eingelullt. Zwar gab es seit Beginn des Jahrhunderts auch ein Gefühl der Verunsicherung, einen Bewusstseinswandel, der zu Zivilisationskritik und Sinnsuche führte, doch vertraute die Mehrheit weiter auf die Entwicklung in

Wissenschaft und Technik, auf den wirtschaftlichen Aufschwung in Verbindung mit einer deutlichen Verbesserung der sozialen Verhältnisse. Die Stimmung war im Wesentlichen optimistisch, in der Kunst wurde munter experimentiert, der *Jugendstil* war Ausdruck von Spieltrieb und Lebensfreude. Das wohlhabende Bürgertum zeigte ungeniert Prunk und Protz in Baustil und Einrichtung der Häuser, in Mode und Lebensgestaltung. Ein Ende der goldenen Zeit mochte sich niemand vorstellen. Vielleicht ist auch die latente Kriegsbereitschaft der europäischen Großmächte ein Ausdruck dieser sorglosen Stimmung.[22]

Am 23.12.12 schreibt Dorothy aus Creisau:

> Das große Gesprächsthema hier ist Krieg. Alles ist bereit, was natürlich nicht bedeutet, daß er mit Sicherheit kommt, aber doch, daß er möglich ist. Alle Offiziere haben ihre Befehle [...] Jeder Offizier hat seine Kiste und hat zur Probe gepackt. Tatsächlich ist alles hervorragend vorbereitet, aber es wäre ein Verbrechen, wegen so geringfügiger Provokationen in den Krieg zu ziehen. [...] Das deutsche Volk als Ganzes will keinen Krieg, nur die Soldaten, besonders da sie alle – ich meine die Offiziere – in ihre Ausrüstungen investiert haben, die ungefähr 25 Pfund gekostet haben, und sie wollen nicht, daß das umsonst war. Meiner Meinung [nach] liegt eine große Gefahr darin, daß die Konservativen den Krieg als das einzige Mittel sehen, die Sozialdemokraten in Schach zu halten [...] (S. 36f.)

Geflissentlich überhörte man die Stimme August Bebels, des Vorsitzenden der Sozialdemokraten: von allen Seiten werde nun weiter gerüstet werden, »bis zu dem Punkte, daß der eine oder andere Teil eines Tages sagt: lieber ein Ende mit Schrecken als ein Schrecken ohne Ende [...] Die Götterdämmerung der bürgerlichen Welt ist im Anzuge. [...]«[23]

Onkel Helmuth

Auch Generalstabschef Helmuth von Moltke d.J. (1848-1916), der Patenonkel von Helmuth James und Neffe des Generalfeldmarschalls, hielt einen großen Krieg für unausweichlich und fand, der Zeitpunkt, ihn zu führen, sei für Deutschland derzeit günstiger als später, wenn die Gegner noch stärker geworden seien.[24]

Aus der Perspektive der Familie schreibt Dorothy am 22.10.12 aus Berlin:

> [...] ich hatte meinen ersten richtigen Kontakt mit Onkel Helmuth. Der Balkankrieg hätte ihn beinahe am Kommen gehindert, denn obwohl ich nicht glaube, daß man einen Krieg erwartet, jedenfalls nicht bald, muß er vollständig vorbereitet sein. Onkel Helmuth meint, daß es vielleicht Krieg gibt aus dem einfachen Grund, daß alle sich seit langem darauf vorbereitet haben, und solch ungeheure Waffenarsenale sind immer eine Gefahr. Aber er glaubt auch, daß absolut kein Grund zu einem Krieg besteht, und er sagte: »Wenn nur England und Deutschland sich zusammentäten, hätten sie die Führung in der Welt. An dieser ganzen *Spannung* ist König Edward[25] schuld.« Er ist der Ansicht, daß die ganze antideutsche Stimmung in England von Politikern, der Presse und Diplomaten fabriziert ist, aber diese Meinung teile ich nicht ganz. Er hat natürlich eine

> sehr große Verantwortung und sagte: »Wenn Krieg kommt, kommt er hoffentlich bald, bevor ich zu alt bin, die Dinge richtig zu meistern.« Tatsächlich fürchten alle den Krieg so sehr, daß es sie, wie ich glaube, davon abhalten wird, den Frieden zu brechen. Jedenfalls tröste ich mich mit diesem Gedanken. (S. 35f.)

Kaiser Wilhelm II. hatte den jüngeren Moltke 1904 zum Generalstabschef ernannt, vielleicht, weil er sich von dem ruhmreichen Namen Glück und Erfolg versprach. Eigentlich war Helmuth von Moltke nicht bereit, diese Aufgabe zu übernehmen, er fühlte sich überfordert. Doch nun war er Nachfolger Alfred von Schlieffens und gezwungen, sich mit dessen Kriegsplan auseinanderzusetzen, der seit 1906 bestand. Danach war vorgesehen, einem Zweifrontenkrieg zu begegnen, indem man mit einer Offensive im Westen begann, um sich nach einem schnellen erfolgreichen Feldzug der deutschen Ostgrenze zuzuwenden. Da Frankreich und vor allem Russland dabei waren, massiv aufzurüsten, drängte Moltke schon am 20. Mai 1914 auf einen baldigen Beginn des Krieges, wenn er denn sein müsse, denn jede Verzögerung ginge zu Lasten der deutschen Truppenstärke.[26] Ein Problem der Westoffensive war die Verletzung der Neutralität Belgiens, die eine Kriegserklärung Englands zur Folge haben könnte. Am 1. August 1914 schien sich eine Möglichkeit aufzutun, diese noch abzuwenden, als aus London eine vermeintliche Neutralitätszusage eintraf. Als der Kaiser daraufhin von Moltke verlangte, den Befehl zum Einmarsch deutscher Truppen nach Luxemburg zu widerrufen, erlitt dieser einen Nervenzusammenbruch und bestand auf Fortsetzung der Aktion. Nachdem England die angebliche Neutralitätszusage[27] dementiert hatte, unterschrieb Wilhelm II. den Befehl zur allgemeinen

Mobilmachung – zeitgleich erfolgte in St. Petersburg die deutsche Kriegserklärung an Russland.[28]

Fatalistisch setzte Moltke den Schlieffenplan um, dem er im Grunde misstraute. Der eklatante Bruch des Völkerrechts durch die Verletzung der belgischen Neutralität führte zur Kriegserklärung Großbritanniens. Um der Invasion der Russen in Ostpreußen zu begegnen, war Moltke gezwungen, schon um den 25./26. August zwei Armeekorps von der Westfront abzuziehen. Damit war der rechte Flügel der Offensive geschwächt, an der Marne kam der deutsche Vorstoß zum Stillstand. Am 11. September gab Moltke den Rückzugsbefehl – nach dieser »schwierigste(n) Entscheidung seines Lebens« kehrte er psychisch gebrochen ins Hauptquartier zurück.[29]

Wenige Tage später, am 14.9.14, wurde er vom Kaiser durch den Kriegsminister Erich von Falkenhayn ersetzt. Aus Sorge vor dem Eingeständnis einer Niederlage wurde die Abberufung Moltkes erst zwei Monate später bekanntgegeben. Er schrieb in seinen Erinnerungen:

> Das war mein erstes Erlebnis in diesem Kriege. […] Ich habe die Eindrücke dieses Erlebnisses nicht überwinden können, es war etwas in mir zerstört, das nicht wieder aufzubauen war, Zuversicht und Vertrauen waren erschüttert.[30]

Bedingt durch sein Amt und den Einfluss des Onkels, war Moltkes Verhältnis zu Wilhelm II. ursprünglich eng gewesen, obgleich er zugab, unter dessen ständigen Kalauern zu leiden. Bei aller Unterschiedlichkeit in Charakter und geistigem Niveau hatte er dem Kaiser vertraut. Die spontane Zumutung, den Einmarschbefehl für die deutschen Truppen am 1. August zu widerrufen, dann die rüde

Absetzung nach der Entscheidung vom 11. September war mehr, als er verkraften konnte.

Zu Recht hatte Moltke an der Voraussetzung des Schlieffenplans gezweifelt, die französischen Truppen würden sich auf die Defensive beschränken. Auch die erbitterte Gegenwehr der Belgier war nicht einkalkuliert worden. Dazu kamen Probleme des Nachschubs aus Deutschland, während die Franzosen sich ihres Eisenbahnnetzes bedienen konnten. Anders als Schlieffen erwartete Moltke einen längeren Krieg, der alle Ressourcen beanspruchen würde.

Die Reichsregierung unter Bethmann Hollweg sah sich nach dem 28. Juli 1914 von militärischen Sachzwängen gelähmt. Bestimmend war allein der »Tunnelblick« der schnellen Offensive.[31] Nach heutiger Einschätzung hatte die Regierung versäumt, den Schlieffenplan genau zu analysieren: die Möglichkeit eines britischen Kriegseintritts war ausgeblendet worden, die Geschwindigkeit des russischen Aufmarsches in Ostpreußen hatte sie unterschätzt.

Zu Recht war Moltke Anfang September skeptisch im Hinblick auf weitere deutsche Erfolge in Frankreich. Erschöpfung der Truppen durch überzogene Tagesmärsche, Verzögerungen im Nachschub und eine Überdehnung der Front hatten ihn zweifeln lassen.[32] Er hielt den Krieg für verloren.

Helmuth von Moltke hatte schon vorher klar gesehen, was der bevorstehende Krieg mit sich bringen würde. In der Nacht zum 31. Juli 1914 hatte er zu seinem Mitarbeiter Major Hans von Haeften geäußert:

> Dieser Krieg wird sich zu einem Weltkriege auswachsen, in den auch England eingreifen wird. Nur wenige können sich eine Vorstellung über den Umfang, die

> Dauer und das Ende dieses Krieges machen. Wie das alles enden soll, ahnt heute niemand.[33]

Im Bewusstsein der Katastrophe, seit Wochen krank und zermürbt durch nicht abreißende Kritik von allen Seiten, starb Helmuth von Moltke am 18. Juni 1916 während seiner Trauerrede für Feldmarschall Colmar Freiherr von der Golz im Reichstag durch einen Schlaganfall.

Noch einmal aus der Perspektive der Familie: Helmuth James schreibt aus dem Gefängnis 1944 an seine kleinen Söhne Caspar und Konrad:

> Ziemlich bald nach Kriegsbeginn waren wir zu einer Herrenhaussitzung in Berlin und gingen zu Onkel Helmuth, der damals Chef des Großen Generalstabs war, und Tante Liza zum Essen in den Generalstab … Onkel Helmuth verspätete sich etwas, und als er reinkam, lief ich ihm entgegen und sagte: »Nun, Onkel Helmuth, wann gewinnen wir den Krieg?« Was er mir geantwortet hat, weiß ich nicht, aber ich erinnere mich an das Gefühl der Betroffenheit, das mich überfiel: Ich fühlte plötzlich, daß man ja Kriege auch verlieren kann, und daß wir diesen verlieren würden. Das Gefühl hat mich dann bei aller Begeisterung über Siege und bei aller Lektüre der Bücher über Heldentaten nie verlassen.[34]

Wie konnte es sein, dass Moltke die Ernennung zum Chef des Generalstabs nicht ablehnte und sich auf den Schlieffenplan einließ, von dem er nicht überzeugt war? Helmuth von Moltke d. J. konnte sich sein Leben nicht aussuchen: er war Neffe des berühmten Generalfeldmarschalls und trug den gleichen Namen, damit war sein Weg vorgezeichnet. Liebe-

Helmuth von Moltke d. J.
(1914)

voll hatte ihn der prominente Onkel unter seine Fittiche genommen und ihm zu einer steilen militärischen Karriere verholfen. Gehorsam hatte Helmuth d. J. sich fördern und protegieren lassen; es wäre doch ungehörig gewesen, sich dagegen aufzulehnen. Auch nach dem Tod des Onkels (1891), als der Kaiser ihn fester an sich band, konnte er sein Verhalten nicht ändern. Vielmehr versuchte er nach Kräften, allen Hoffnungen und Erwartungen zu entsprechen – vergeblich, wie sich zeigen sollte. Zwar war er klug und im Umgang verbindlich, doch fehlte ihm die notwendige Härte.

Das ihm durch familiäre Bindung und Konvention aufgezwungene Leben war gegen seine Natur. Moltke war feinsinnig und kultiviert, auch musisch begabt – er spielte Cello, zeichnete und dichtete, liebte die Literatur und war offen für Fragen der Philosophie und Religion. Man hätte ihm gegönnt, das Leben eines Privatgelehrten zu führen oder zur See zu fahren, wie er in seiner Jugend erwogen hatte. Doch das Schicksal wollte es anders.

Ein Gegengewicht zu den untragbaren Belastungen fand er in seiner Ehe mit Eliza Gräfin von Moltke-Hvitfeld (1859-1932) aus dem schwedischen Zweig der Familie, die er 1878 geheiratet hatte. Sie teilte seine musischen und geistigen Interessen, würdigte seine Veranlagung, verstand ihn und hielt in kritischen Situationen eisern zu ihm.

Eliza war eine selbstbewusste Frau mit eigenem Urteil. Vielleicht bedingt durch eine einsame Kindheit und Jugend, lebte sie mit der Natur und entwickelte eine Neigung zum Spirituellen. Doch liebte sie auch höfische Feste und spielte gern Theater, Chormusik gehörte zu ihren Vorlieben. Dazu sprach sie Französisch und hatte eine Schwäche für französische Inneneinrichtung und Antiquitäten.[35] Kein Wunder also, dass sich Moltke zu dieser empfindsamen und kultivierten Frau hingezogen fühlte.

Kaum waren sie verlobt, gab er ihr Goethes *Faust* zu lesen:

> Es freut mich, dass dir der »Faust« gefallen hat. Mich zieht es stets mit unwiderstehlicher Gewalt zu diesem Buch zurück, das ich doch schon so unzählige Male ge-

> lesen habe, dass ich es fast ganz auswendig weiß. Es ist ein Werk, das alle Töne der Poesie in sich vereinigt, von den Lobgesängen der Erzengel an bis zum Hohngelächter der Hölle – von den Kraftgedanken eines titanisch ringenden Mannesgeistes bis zum naiven Geplauder eines unschuldigen Mädchenherzens. Das Größte, was unsere deutsche Literatur je geschaffen hat.[36]

In ihrem Haus veranstaltete Eliza spiritistische Séancen, die ihr Ehemann tolerierte, doch als bekennender Protestant hielt er sich davon fern. Allerdings glaubte er, wie bereits erwähnt, der *Christian Science* die Heilung von nervösen Leiden zu verdanken. Wie sehr auch er auf der Suche nach geistiger Orientierung war, zeigt der Brief an seine Braut vom 1. November 1877:

> Ich habe mir oft gedacht, daß die Gedanken des menschlichen Geistes ihm ein Vorbild sind, wie er später werden wird. So denke ich mir die Seele nach dem Tode. Der Körper ist dann abgestreift und wird zu Staub und Asche, wie es seine Bestimmung ist; er kehrt zurück zu der Erde, aus der er geformt ist und zu der er gehört, aber das Bewußtsein bleibt lebendig, und wie wir jetzt uns in Gedanken von einem Ort zum anderen versetzen können im Augenblick, so können wir dann wirklich durch die unendlichen Räume der Schöpfung wandern, wie wir uns jetzt in Gedanken der Zeit vorausbringen können oder in ihr zurückkehren bis in die Tage unserer frühesten Kindheit, ja sogar bis in die nebelhaften Fernen der ältesten bekannten Geschichte, so können wir uns dann in Wirklichkeit vor- und zurückversetzen, die Zeit hat dann aufgehört, uns mit sich fortzuführen ohne unseren Willen, wir stehen dann über der Zeit, das heißt, sie exi-

> stiert nicht mehr und das ist die Ewigkeit. – Ich finde die Vorstellung schön, so von Welt zu Welt wandern zu können durch die unendlichen Säulen des Himmels, das zu sehen, was wir jetzt nur ahnen können, und die Seeligkeit zu genießen darin, wie es verheißen ist: im Anschauen der Herrlichkeit Gottes, die sich so offenbart, wie wir sie begreifen können, nämlich in den allgewaltigen Werken des allmächtigen Schöpfers. Dieser Gedanke gefällt mir besser als die starre Ruhe des Todes, von dem es heißt, das der Mensch schläft, bis ihn die Posaune des Weltgerichts aus seinem Schlummer aufschreckt. Wir schlafen hier auf Erden schon so viel, sollen wir dann nach dem Tode erst recht anfangen? Glaube aber nicht, daß ich der Ansicht der Spiritisten bin. Nach meiner Meinung haben wir mit dem Tode mit dieser Erde abgeschlossen und kommen nicht dahin zurück. Ich denke, Du wirst mich verstehen und mich nicht für einen mystischen Schwärmer halten.[37]

Bald nach der Jahrhundertwende lernte Eliza, vermittelt durch ihre Tochter Astrid, Marie von Sivers (1867-1948) kennen. Die russisch-deutsche Schauspielerin, Theosophin und spätere Anthroposophin war zunächst Mitarbeiterin, dann zweite Ehefrau Rudolf Steiners, der ab 1902 Generalsekretär der deutschen Sektion der Theosophischen Gesellschaft war. Auf diese Weise kam Eliza in Kontakt mit der Theosophischen Gesellschaft und lernte Rudolf Steiner kennen, der später, nach seiner Trennung von der Theosophischen Gesellschaft (1912), die Anthroposophie begründen würde. Hier hatte Eliza ihre geistige Heimat gefunden; seit 1904 gehörte sie als eine der ersten der *Esoterischen Schule* innerhalb der Theosophischen Gesellschaft an. In der Potsdamer Kommandantur, dem

Hause Moltkes, fanden spiritistische Séancen statt, von denen Helmuth von Moltke sich fernhielt.

Auf einer dienstlichen Schiffsreise nach Norwegen im Juli 1904 las er die im gleichen Jahr erschienene *Theosophie* Rudolf Steiners und erzählte den mitreisenden Offizieren von der theosophischen Weltanschauung, denn ihm war bewusst, dass die meisten von ihnen mit Spiritismus vertraut waren. Das Echo war allerdings enttäuschend, und resigniert schrieb er am 17. Juli an Eliza:

> Die Menschen sind so denkfaul und legen beiseite, was ihnen Kopfzerbrechen machen könnte und in das gewohnte Lebensschema nicht passt.[38]

Zeit der Bewährung

Wie eine Bilanz ihres ersten Lebensabschnitts in Creisau klingt Dorothys Neujahrsbrief von 1914:

> Bevor der erste Tag des neuen Jahres zu Ende geht, Ihr Lieben, muß ich euch ein Wort der Liebe schreiben, nur um zu zeigen, daß ich viel an Euch denke und Euch sehr lieb habe. Der erste Tag von 1914 ist besonders schön für mich gewesen, und wenn die anderen 364 nur halb so schön sind, werde ich ein äußerst glücklicher Mensch sein. [...]
>
> Heute abend kam das Baby zum Stillen, Willo blieb und spielte, und ich konnte nicht umhin zu denken, wie reich mein Leben ist. Hier sah mich Carl Bernhard mit wunderbar ausdrucksvollen Augen an und 3 andere kleine Leben, die neben mir Gestalt annehmen. Ich

Familie mit 3 Kindern
(1913)

dachte an Euch beide und wie Ihr mein Leben bereichert, an meine C.S. Arbeit und meine Interessen, die mich mit Problemen und Menschen in Berührung bringen, die sonst fern meiner Lebenssphäre wären. Neben mir lag ein schönes neues Buch über Goethe und wartet darauf, gelesen zu werden, ich dachte an meinen Mann, an die Arbeit, die mich in Haus und Garten, im Dorf

Dorothy mit vier Kindern
(1914)

und rundherum erwartet, und ich fühlte, daß ich eine reich gesegnete Frau bin, die lebt und arbeitet und mit wirklichen Dingen zu tun hat, und ich war für das alles sehr dankbar. (S. 39f.)

Die Kinder, besonders *the boy*, sind Dorothys eigentliche Kraftquelle, und das wird in den künftigen schweren Jahren so bleiben. In ihrer großzügigen, liebevollen und lebensklugen Art hat sie gelernt, den Lebensraum Creisau mit seinen Menschen und vielfältigen Anforderungen gut auszufüllen; Muti spielt dabei eine untergeordnete Rolle.

Ohne die innere Bindung an ihren Vater, dem sie so ähnlich ist in ihrer unerschrockenen Geradlinigkeit, und die emotionale Geborgenheit im heimatlichen Südafrika hätte Dorothy die Probe wohl kaum bestanden. Bei aller Sympathie für ihre neue Welt wird sie auch weiterhin eine Fremde bleiben, eine beobachtende Außenseiterin, auch wenn sie inzwischen gelernt hat, Goethe zu lesen.

Ende Juli 1914 ist das Kriegsrecht in Kraft gesetzt, alle Pferde und Autos werden eingezogen, der Kutscher Hermann und die Diener müssen fort. Silber und Wertsachen werden zunächst einmal weggepackt, man wartet ab. Ins Ausland dürfen keine Briefe und Telegramme mehr verschickt werden, Dorothy schreibt fortan Deutsch, obgleich ihr Brief über Amerika an die Eltern gelangt. Sie ist nüchtern und gefasst, hofft wie viele, dass der Krieg höchstens bis Weihnachten dauern wird und beruhigt die Eltern, so gut sie kann. (S. 42f.)

Krieg

Doch dann lässt sich Dorothy nach Ausbruch des Krieges von der euphorischen Stimmung ihrer deutschen Umgebung mitreißen –

Creisau, 27. 8. 14

[...] Die Ordnung und moralische Erhebung des Volkes ist das Fabelhafteste. Mobilmachung *gänzlichst* ohne Alkohol. Und alles ohne Chauvinismus. [...] Es ist alles so würdig. Nie bin ich so begeistert für Deutschland wie jetzt. Es bedeutet die Wiedergeburt Deutschlands. Ich wünschte ich wüsste wie es in England aussieht. Und meine guten Freunde die dort kämpfen werden. Es ist scheusslich. Hoffentlich erreicht Euch diesen Brief mal. (Original deutsch, S. 44)

Wie aufgewühlt und verwirrt sie jetzt ist, verrät auch der folgende Brief an die Eltern:

Creisau, 11. 9. 14

Meine Geliebten,
Ich bin ganz »weg« vor Freude, denn eben habe ich Euere lieben lieben Briefe bekommen. Ich habe schrecklich geweint dabei, aber es tat sowohl. Euere Telegram habe ich nicht bekommen, Ihr meine, durch Miss Chalmers gesandte, scheinbar auch nicht. Die Zeit ist unendlich schwer und es lastet Tag und Nacht auf einem. Aber es ist trotzdem sehr gross und erhaben. Die Einigkeit ist überwältigend, und der beste Seite von jedermann kommt zum Vorschein. Von Helmuth habe ich Gottlob gute Nachricht und öfters, trotzdem er nicht in Deutschland ist. Er schrieb neulich »die Opfer die der Krieg verlangt sind entsetzlich. Doch ist das Schöne dabei, dass man um die Gefallenen nicht trauert. Sie haben ihrer Pflicht genügt. Das ist alles was in unser Bewußtsein eindringt.« Alle Lieben und Bekannten sind fort, und jeden Tag hört man von einem oder dem andern der tod ist. Es ist eine furchtbare Zeit. [...]

Schreib mal wieder Geliebten es hilft das Schmerz so, etwas von Euch zu hören. Ich habe viel zu tun und die Kinder sind ein großer Trost. Ich schlafe oben im Herrnzimmer, habe einen scharfen Hund und 2 Gewehre, und wir haben schiessen gelernt. Aber alles ist vollständig ruhig und man merkt eigentlich nichts vom Krieg. Gott schütze Euch meine lieben Zwei im fernen Nest. *Immer* Dein *Baby.* (Original deutsch, S. 44-46)

Da während des Krieges ein Treffen mit den Eltern nicht möglich ist, bemüht sich Dorothy immer wieder, in Worten ein lebendiges Bild ihrer Kinder zu zeichnen:

Der Junge [the boy] ist für seine 8 Jahre wunderbar reif und trotzdem noch ein Baby. Er wird als Ältester notwendigerweise etwas verwöhnt und hat etwas Gebieterisches, aber ein solch liebevolles kleines Herz. Neulich tat Jowo etwas, was nicht ganz recht war, und als er gefragt wurde, ob er der Schuldige sei, sagte er sofort *ja.* So hat ihn Lydia [das Kindermädchen] nicht gescholten und sagte ihm nur, er solle es nicht wieder tun. Daraufhin nahm Helmuth Lydia beiseite und sagte: ›Ich sehe wieviel besser es ist, die Wahrheit *gleich* zu sagen und nicht um den heißen Brei herumzureden, und ich werde es das nächste Mal auch tun.‹ Das ist doch lieb, nicht wahr? Denn der Junge versucht immer, Ausreden zu finden, *warum* er etwas getan hat. (11.9.15, S. 48).

Wenn Verwundete vom Hospital in Schweidnitz zum Tee oder Abendbrot eingeladen sind: »Helmuth James sucht sich immer den traurigsten von allen aus und kümmert sich um ihn wie die Henne um ihr Küken.« (14.12.15, S. 49)

Er ist alt genug, um den politischen Konflikt zu spüren, dem seine Mutter ausgesetzt ist und hilft sich mit der bündigen Erklärung: »Meine Mami ist Afrikanerin«, oder er sagte zu einer Tante: »Nicht wahr, die Engländer sind besser als die Russen und Franzosen!« (11.9.14, S. 45)

Die kleine Tochter Asta krabbelt überall herum, trägt zu beiden Seiten eine Schleife im Haar und ist sehr putzig. Doch ist sie auch energisch und hat einen eigenen Willen. Sie hat braunes Haar und braune Augen wie ihre Mutter: »Alle sagen, daß Asta mein genaues Abbild ist, und so könnt Ihr sie Euch wohl vorstellen.« (14.6.17, S. 53)

> Die Kinder sind alle wohlauf. Carl Bernd fasziniert jedermann. Er hat eine so wunderbar sonnige Natur und ist immer zu einem Witz oder Jux aufgelegt und hat das wärmste Herz der Welt. Willo ist so langsam wie eine Schnecke. Er hat sich noch nie bei etwas beeilt. Er zeichnet oder malt oder baut Häuser. Er hat einen erstaunlichen Sinn für Farbe. Jowo ist nicht sehr für's Lernen und zieht seine Musik allem anderen vor.« (15.2.17, S. 53)

Jowo hat Musikunterricht, Dorothy übt mit ihm und bringt ihn zu seinen Stunden, »eine neue kleine Pflicht.«

Creisau, Ostersonntag, 8.4.17:

> Gestern bin ich mit den beiden ältesten Jungen nach Kuchendorf gefahren. Die Hinfahrt war schlimm genug, aber der Rückweg dauerte 4 statt ein einviertel Stunden. Wir blieben im Schnee stecken, die Riemen rissen, und das alles um 8 Uhr abends auf einer ganz einsamen Strecke. Ihr könnt Euch das vorstellen. […]

> Der Junge war fabelhaft, vernünftig, verlor nicht den Mut und kümmerte sich um Jowo und mich, deckte uns zu usw., als ob er unser Vater wäre! Ich dachte immer, wie Dad sich über seine Tapferkeit und Fürsorge freuen würde, denn es war wirklich eine ziemlich unangenehme Situation. (S. 53)

Und ein Jahr später, am 8.3.18:

> Der Große reicht mir jetzt schon bis an die Schulter und strotzt nur von Gesundheit, obgleich Cricket und Hockey gut für ihn wären, da er sich gerne gehen läßt und nicht gerne anstrengt. Jowo dagegen ist dünn und sehr drahtig, viel alerter als der Große, sehr hübsch, aber weniger »gewinnend« als sein Bruder. Willo ist immer noch der Professor, ist nie ein richtiges Kind gewesen und wird sicher etwas Außergewöhnliches. Carl Bernd ist dick und rund und genießt und gibt mehr Liebe als irgendwer sonst, den ich kenne – er besteht nur aus Herz und *Magen* – und sein Hauptinteresse im Leben sind Essen und Pferde. Und dann Asta, ein kleines Geschöpf wie ein Elf, erstaunlich klug und amüsant, jeder Zoll eine kleine Frau. (S. 54)[39]

Voller Humor und aus kluger Distanz schildert Dorothy ihre Kinder und zeigt dabei viel von ihrem Charakter, ihrem liebevollen Wesen, ihrer Großzügigkeit. Sie freut sich an den Kindern, tröstet die Eltern und lässt sie so weit wie möglich teilhaben an ihrem reichen Leben.

Weniger leicht wird es ihr gefallen sein, die Eltern über ihren Ehemann Helmuth zu beruhigen, denn sie weiß, dass er im fernen Czenstochau in den ersten Kriegsjahren eine Freundin hat. Wie stets behält sie ihren Kummer für sich und schreibt am 10.8.18:

> Und dann ist der Y.T. auf vierzehn Tage Urlaub hier gewesen. Es war so schön, ihn da zu haben, und wir waren sehr glücklich miteinander. [...] Es ist eine wunderbare Erleichterung, sich mal eine Weile an die Schulter eines guten Mannes zu lehnen und die Last des Krieges nicht ganz allein zu tragen, und ich habe seinen Besuch ungeheuer genossen. [...] Er sieht prächtig aus, und der Krieg hat ihm sehr gut getan, wie vielen von uns, moralisch. Ich jedenfalls bin viel energischer und unabhängiger als früher, was nur natürlich ist, wenn man Creisau, Familie etc. auf den Schultern trägt.[40]

Man glaubt ihr, wenn sie die Eltern über ihren Alltag im fortschreitenden Krieg beruhigt. Creisau ist bisher von Kampfhandlungen verschont geblieben, das Landleben nimmt seinen geordneten Gang unter ihrer umsichtigen Leitung. Über die angespannte Versorgungslage, vor allem bewirkt durch die britische Blockade der deutschen Häfen, spricht sie nicht, doch wird auf dem Land noch nicht gehungert.

Den Alltag schildert Helmuth James im Brief an seine kleinen Söhne:

> Inzwischen war vieles schlechter geworden. Es gab wesentlich weniger zu essen, besonders wenig Butter. [...] Das Brot war schlecht. Es gab Sägemehl darin und Zeitungspapier. Ich erinnere mich, einmal einen ganzen noch lesbaren Fetzen Zeitungspapier aus meinem Brot geholt zu haben. Es gab 1916 sehr wenig Licht. Im Winter gingen wir von fünf Uhr an spazieren, um Licht zu sparen, und nach dem Abendbrot gab es nur eine Lampe für alle. Es gab keinen Zucker, sondern zu allem nur gräßlichen Süßstoff.[41]

Dorothy betont ausdrücklich, sie fühle sich »von sehr liebevollen, *sympathischen* Leuten umgeben, mit denen man offen reden kann – kein Chauvinist unter ihnen – , und das ist ein großer Segen« (14.6.17, S. 53).

Diese Haltung gegenüber einer Ausländerin, deren Freunde und Verwandte im gegnerischen Lager stehen, ist keineswegs selbstverständlich, sondern ihr Verdienst. Sie hat Vertrauen erworben durch Loyalität ihrer deutschen Umgebung gegenüber, durch souveräne Klugheit und ihre liebenswerte Natur.

In diesen Zusammenhang gehört ein Brief an die Eltern vom 7.5.18:

> Irgendwie *kann* ich mir nicht vorstellen, daß es uns so schwerfallen wird, Dinge zu besprechen, wie Mutter meint. Die Hauptsache ist, im Auge zu behalten, daß, auch wenn man dezidierte Ansichten hat, es *immer* noch eine andere Seite der Frage gibt, daß wir alle die Dinge in einem schrägen Licht sehen. *Kriegspsychose,* um einen populären Ausdruck zu gebrauchen. Und dann die Liebe, sie ist mehr als der Glaube und kann bestimmt Berge versetzen.

Bald wird sie die Möglichkeit haben, »Dinge zu besprechen«, denn dank der Initiativen ihres Vaters kann sie mit den Kindern zu einem Besuch nach Holland reisen und die Eltern endlich wiedersehen.

Doch zuvor war das Kriegsende zu bewältigen. Dorothy schrieb aus Creisau am 19. November 1918:

> Meine Geliebten,
> ich habe den überwältigenden Wunsch, Euch zu schreiben, und doch fühle ich mich gleichzeitig dazu

> überhaupt nicht in der Lage. Es scheint unmöglich, auch nur ein Tausendstel von dem auszudrücken, was einen bewegt. Es ist für mich ein ungeheurer Verlust, daß ich die Ereignisse der letzten Wochen nicht mit Euch diskutieren kann, und das fehlt mir schrecklich. […]

Wohl war sie versorgt mit Zeitungen, doch die sich überschlagenden Ereignisse im Herbst 1918 hatten nicht nur bei ihr große Unsicherheit ausgelöst.

Zeit des Umbruchs

Revolution

In Deutschland hatte eine Revolution stattgefunden, ausgelöst durch meuternde Matrosen in Wilhelmshaven und Kiel, die sich weigerten, nach der eingestandenen Niederlage noch gegen die Royal Navy zu kämpfen. Auch das Heer und die Arbeiterschaft wurden von der Revolution erfasst, im ganzen Land entstanden Arbeiter- und Soldatenräte nach dem Vorbild der Oktoberrevolution 1917 in Russland. Um Chaos und Bürgerkrieg zu verhindern und die Voraussetzungen für eine parlamentarische Demokratie zu schaffen, übernahmen gemäßigte Sozialdemokraten (MSPD) die Verantwortung und riefen am 9. November 1918 die Republik aus. Sie setzten sich für baldige Wahlen zu einer Nationalversammlung ein, die eine Verfassung ausarbeiten sollte. Friedrich Ebert sah sich damit im Gegensatz zu radikalen Kräften innerhalb der Sozialdemokratie (USPD), die eine Räterepublik anstrebten, – dem Volk direkt verantwortlich. Ebert befürwortete jedoch die Einbindung der bürgerlichen Parteien und die weitere Zusammenarbeit mit der ehemals kaiserlichen Verwaltung, nicht zuletzt wegen der angespannten Versorgungslage, die eine erfahrene Verwaltung erforderte.

Der Revolution vorausgegangen war das Eingeständnis Ludendorffs, dass der Krieg verloren sei. Weder die Bevölkerung noch führende Politiker waren darauf vorbereitet – die Nachricht wurde allgemein als Schock empfunden. Die Oberste Heeresleitung (OHL) unter Ludendorff und Hindenburg hatte am 29. September 1918 einen Waffenstillstand verlangt, ohne die Verantwortung für die Niederlage übernehmen zu wollen; die

Politik solle die Kapitulation und ihre Folgen aushandeln. Zur Begründung wurde angeführt, eine noch zu bildende parlamentarische Regierung könne günstigere Bedingungen für einen Friedensvertrag aushandeln.

Damit war die Dolchstoßlegende geboren: Deutschland sei im Felde unbesiegt geblieben – Revolution und Chaos in der Heimat hätten zur Niederlage und den demütigenden Bedingungen des Versailler Vertrags geführt. Der Kaiser wurde zur Abdankung gezwungen und verschwand nach Holland ins Exil.

Krieg und Revolution sind überstanden, doch folgen Jahre der Unruhe und Angst, des Mangels und der politischen Unsicherheit. Dorothy ist noch mehr gefordert, für Haus und Hof zu sorgen und den Bedürfnissen ihrer Kinder gerecht zu werden, die nach wie vor ihre Kraftquelle sind.

Am 19. Januar 1919 wird die Weimarer Nationalversammlung gewählt, deren Aufgabe es ist, eine Verfassung auszuarbeiten, die am 11. August angenommen wird. Friedrich Ebert (SPD) als vorläufiger Präsident beauftragt seinen Parteifreund Philipp Scheidemann, eine Regierung aus den Parteien SPD, Zentrum und DDP zu bilden (die sogenannte Weimarer Koalition), die bis zum 20. Juni 1919 besteht. Dorothy steht hinter der neuen Regierung im Gegensatz zu ihrer konservativen Umgebung, die nur schimpft: »Jedenfalls bin ich überzeugte Sozialdemokratin geworden!« (S. 61)

Damit ist für Dorothy auch ein persönliches politisches Ziel erreicht – das Frauenwahlrecht. Im Verein mit ihrer Mutter Jessie Rose Innes hatte sich Dorothy seit Jahren voller Energie dafür eingesetzt. Selbstbewusste und gebildete Frauen hatten nicht länger hinnehmen wollen, dass sie in Gesellschaft und Politik zum Schweigen verdammt waren – vor allem die Sozialdemokraten hatten das Frauenwahlrecht auf ihre Fahnen geschrieben, allen voran Klara Zetkin. Nach dem Reichswahlgesetz vom 30. November 1918 konnten bei der Wahl zur verfassungsgebenden deutschen Nationalversammlung am 19. Januar 1919 zum ersten Mal Frauen wählen und gewählt werden. Die meisten weiblichen Abgeordneten (37 von 423) gehörten bei dieser Wahl den Sozialdemokraten an.

Auf für sie typische Art hatte sich Dorothy schon am 24.3.09 zur Frauenfrage geäußert:

> In einer Monatsschrift namens »Der Hammer« (ultrakonservativ und reaktionär) las ich einen – für mich amüsanten, für den Verfasser offensichtlich traurigen – Artikel über die *Frauenbewegung.* Der Autor meint, daß Frauen in Deutschland schon so viel erreicht hätten, daß sie wohl bald das Wahlrecht haben würden (!) und daß das Land sich wegen des aktiven Anteils der Frauen an wirtschaftlichen, sozialen und politischen Fragen in schneller Degeneration befinde. Jeder Posten, den man einer Frau gebe – in Postämtern, Schulen usw. – bedeute die Gründung einer Familie weniger, denn es nimmt Männern das Brot, die es sich dann nicht leisten können, eine Familie zu gründen! (S. 7)

Nicht lange danach zeigte sie sich überrascht, »wie sich die öffentliche Meinung über die Stellung der Frauen ändert; und besonders in Deutschland beobachte ich eine große Veränderung zum Besseren.« (S. 10)

Nach dem Ende des Krieges, kurz bevor das Frauenwahlrecht rechtlich verbindlich wurde, schrieb sie am 27.11.18 aus Creisau:

> Der Gedanke, daß deutsche Frauen Wahlrecht haben, ist sehr komisch; ich versuche, jemanden für einen Vortrag herzubekommen, der zu den Frauen hier über ihre Pflichten und Verantwortung hinsichtlich des Wahlrechts spricht, und hoffe, daß es mir gelingt. Frauen sitzen schon jetzt in allen Gremien und *Vereinen* – wenn der Teutone etwas macht, dann macht er's gründlich. (S. 58)

1904 hatte sich in Berlin der Weltbund für Frauenstimmrecht gegründet, ein wichtiger Motor, der mit seinen regelmäßigen Kongressen für eine weltweite Vernetzung sorgte und einzelne Frauen sowie Gruppen aus vielen Ländern motivierte, sich für ihre Rechte einzusetzen. Im Mai 1923 nahm Dorothy als Mitglied im *Deutschen Staatsbürgerinnen-Verband* an einem internationalen Frauenkongress in Rom teil, wo sie mit ihrer Mutter zusammentraf.

An den Vater aus Rom am 18.5.23:

> Dies ist mein letzter Brief an dich aus Rom, wo wir wirklich sehr schöne 14 Tage hatten. Der Kongreß war eine Enttäuschung, wie Mutter Dir berichtet haben wird, aber es war natürlich interessant, so viele bekannte Frauen zu sehen und zu treffen, sei es auch nur oberflächlich. Ich habe besonders die Arbeit mit der deut-

schen Delegation genossen, die hervorragend ist, mit etlichen der bekanntesten weiblichen Reichstagsabgeordneten. Und dann war besonders nett das Zusammensein mit Lucy Scott, Nan van Heerden [Dr. Petronella van Heerden, Ärztin, Freundin der Familie in Südafrika] und Freddy Haeseltine [Südafrikanische Freundin], die alle drei Mutter so lieben und bewundern, sie zum Spaß »Mother« nennen usw. Wir sind eine sehr ausgelassene Gesellschaft gewesen, und Südafrika fühlte sich sehr geehrt, als Nan von mehreren Ländern als Vorstandsmitglied vorgeschlagen wurde. Natürlich war das unmöglich, da Südafrika so weit weg ist, aber es war trotzdem ein Kompliment für das Land. Mutter sprach vor einigen Abenden (sic) *sehr* gut für Südafrika, nur eine vierminütige Rede, und heute abend soll Nan sprechen. [...] Mussolini sieht schrecklich anmaßend und zweitrangig aus, eigentlich wie ein drittklassiger Filmheld. (S. 76f.)

Treffen mit den Eltern in Holland

Dorothys Sorge vor politischen Unruhen und Streiks, von der Nahrungsknappheit einmal abgesehen, führt Ende November 1918 zur Bitte an ihre Eltern, die jüngeren Kinder im neutralen Ausland für eine gewisse Zeit zu sich zu nehmen. Zur Trennung von den Kindern kommt es jedoch nicht, vielmehr gelingt es ihrem Vater Sir Rose Innes, ein Treffen mit ihr und den Kindern Anfang April 1919 in Holland zu organisieren.

Helmuth James erinnert sich im Brief an Caspar und Konrad:

> Im Winter 1918/19 bekamen wir von Aletta Jacobs, einer der Leiterinnen des holländischen Roten Kreuzes, die Nachricht, daß Mamis Eltern, Granny und Daddy, [von Südafrika] nach Holland kommen wollten, und daß wir auch die Einreisegenehmigung bekommen würden, um sie dort zu treffen. Soweit ich weiß, sind wir kurz vor Ostern 1919 gefahren – ich bekam drei Monate Schulurlaub. [...] Dann ging es also los: Mami, Fräulein Dietze, Gertrud Hartmann [Kindermädchen] und wir fünf Kinder, zusammen also acht Personen. Wir fuhren im Wagen nach Breslau und stiegen da in den Zug nach Berlin. Das war schon dramatisch, denn die Züge fuhren damals selten und waren überfüllt. Ich erspähte ein offenes Fenster und sprang hinein, machte schnell das Fenster hoch, so daß zunächst niemand nachkommen konnte, und setzte mich dann auf die Bank und stemmte die 2 Füße fest gegen den Türgriff, bis ein zweiter von uns kam.[42]

In diesem Stil ging die Reise weiter, an der Grenze folgten Leibesvisitationen, doch kaufte ihnen die Mutter dort auch Mohrenköpfe und Apfelsinen, von den Jungen zunächst für Bälle gehalten und durch den Wartesaal gerollt. Im Parkhotel in Scheveningen riet der Besitzer dazu, den Kindern zum Abendessen nur halbe Portionen zu geben, bis sie sich an das gute Essen gewöhnt hätten. Leider kamen die Großeltern erst später, doch dann war die Zeit mit ihnen »himmlisch«.

Auch Sir Rose Innes hatte diese Zeit in guter Erinnerung:

> We spent two delightful months together.
>
> Sie sahen alle etwas durchsichtig aus, die Blockade hatte ihre Spuren hinterlassen, obgleich sie die ganze

Dorothy mit den 5 Kindern und ihren Eltern in Holland

Zeit auf dem Land gelebt hatten. Die Kinder waren spitznasig und blass, und ihre Mutter erklärte, dass sie am liebsten nie wieder Steckrüben und Kartoffeln gesehen hätte. The younger children had never seen an orange.[43]

»Als die Friedensbedingungen bekannt wurden, waren Granny und Daddy noch da«, schreibt Helmuth James, »denn ich erinnere mich wohl an Daddys Entsetzen über diese Bedingungen.«[44]

Der Versailler Vertrag

Mit den Deutschen leidet Dorothy unter den Folgen des Versailler Vertrags, dessen unbarmherzige Härte ihr nicht einleuchtet. Hundert Jahre nach dem Ende des I. Weltkriegs liegen 2018 historische Untersuchungen vor, die das Scheitern der Weimarer Republik von ihren Anfängen, von diesem Friedensvertrag her betrachten:[45]

Der amerikanische Präsident Woodrow Wilson war Ende 1918 nach Europa gereist, um für sein Ideal eines Völkerbundes zu werben. Über die Grenzen Europas hinaus traf er auf begeisterte Zustimmung. Nach seiner Vorstellung sollte es einen »Verhandlungsfrieden« ohne Sieger geben, Deutschland sollte in den Völkerbund aufgenommen werden. Doch die Regierungen in Paris und London waren näher am Geschehen – mehr als die Amerikaner hatten sie schmerzhafte Verluste zu beklagen und nationale Interessen zu wahren. Die Franzosen insbesondere fürchteten den deutschen Nachbarn nach wie vor und bestanden auf einem unerbittlichen Friedensvertrag, um sich für die Zukunft zu schützen. Die Vorstellungen der Alliierten gingen so weit auseinander, dass die Koalition der Siegermächte gefährdet war; sie sahen sich gezwungen, die Bedingungen eines Friedens unter sich auszuhandeln, den die Besiegten dann zu akzeptieren hatten. Der auf Rache und Vergeltung beruhende »Diktatfrieden« spiegelt mithin die Schwäche der Sieger.

Als Zeitgenossin hatte Dorothy keine Möglichkeit, diese Zusammenhänge zu überblicken. Sie glaubte nicht, »daß die Alliierten je in einen ›Verständigungsfrieden‹ eingewilligt hätten [...] Die Alliierten waren entschlossen, Deutschland zu vernichten, entweder aus gerechtem Zorn oder aus selbstsüchtigen Gründen – nur die Zeit wird zeigen, was ihre wirklichen Beweggründe waren.« (S. 63)

Sie bedauert den Geist der Feindseligkeit, zum Beispiel begreift sie nicht, warum die Rückkehr der Kriegsgefangenen »endlos aufgeschoben wird« – der Vertrag war fünf Monate zuvor, am 28. Juni 1919 unterzeichnet worden:

> Creisau, 28.11.19
>
> Und dann ist das Gefühl der Machtlosigkeit für die Deutschen so neu und höchst bitter. Ich kann nicht beurteilen, inwieweit wir unsere Versprechen nicht eingehalten haben, aber es ist grausam, Tausende von Männern fern ihrer Heimat festzuhalten, zumal es so endlos viele Mittel gibt, die Daumenschrauben anzuziehen, wenn es nötig sein sollte. Es bleiben der Welt nur zwei Möglichkeiten: ein echter Völkerbund oder daß Deutschland ständig Pläne schmiedet, seine alte Macht wiederzuerlangen, und es ist gar keine Frage, was für die Menschen klüger und besser ist. Ich gehöre zur Bewegung für den Völkerbund, die im Vaterland sehr aktiv ist. (S. 62)

Dorothy als Patriotin – es ist erstaunlich, wie sie sich die deutsche Situation zu eigen macht. Vielleicht möchte sie den Eltern demonstrieren, dass sie sich trotz der Loyalitätskonflikte während der Kriegsjahre fest mit ihrer Creisauer Welt verbunden fühlt.

Im Schloss sind deutsche Offiziere und Mannschaften einquartiert, damit ist ab Anfang 1919 zunächst einmal für Sicherheit, genügend Kohle und Nahrung gesorgt. Die Kinder genießen das militärische Treiben und das Spielen mit den Offizieren. In Nachbargütern ist ausländische Einquartierung zu erwarten; man hofft auf Engländer, denn die Franzosen gelten nach Berichten von Heimkehrern als Sadisten und sind verhasst.

Überlegungen zu einer Bodenreform werfen ihre Schatten voraus; es wird »allgemein als sicher angenommen, daß kein Grundbesitzer mehr als 400 Morgen für seinen eigenen Anbau behalten darf und den Rest verpachten oder verkaufen muß.« (S. 61)

Dorothys freier, unvoreingenommener Blick, verbunden mit politischer Klugheit, zeigt sich in ihrem Kommentar zur Innenpolitik:

Creisau, 14.9.20

Letzten Mittwoch wurde hier ein Ortsverein der *Deutschen Volkspartei* gegründet; die Partei war früher national-liberal und entspricht den gemäßigten Liberalen in England. Diese Partei ist ein großer Segen, da sie zur Rechten gehört und doch so liberal ist, daß ihr Demokraten beitreten können, während *keiner* etwas mit der Deutschnationalen Partei (den Konservativen) zu tun haben will. Der Y.T. ist der Einzige seiner Klasse, der beigetreten ist, in Schlesien, der Heimat der Junker! Aber im Westen gehört fast jeder, der kein *Sozi* ist, dazu oder zum Zentrum, und es ist die eigentlich aufstrebende »bürgerliche« Partei im Gegensatz zu den Arbeiterparteien. […] Ich persönlich bin radikaler, aber der Führer, Herr Stresemann, ist außerordentlich fähig, und es wird viel davon gesprochen, daß die *Sozis* mit dem Zentrum und der Deutschen Volkspartei zusammengehen und ein stärkeres Koalitionskabinett bilden könnten. (S. 66f.)

Nach einer Reise zu den Eltern in Südafrika erlebt sie eine beglückende Heimkehr:

Creisau, 13.6.21

Der Y.T. holte mich in Hamburg ab, und meine Rückkehr nach Creisau war ganz rührend. Die 3 Jungen stießen in Königszelt zu uns, Helmuth James ein junger Mann, kein Kind mehr, mit einer tiefen Stimme, sehr guter schlanker Figur und einen ganzen Kopf größer als sein Vater, es ist einfach unglaublich. Im Dorf Creisau hatte man zwei begrünte Bögen mit *Willkommen* aufgestellt, einen am Eingang zum *Hof*, und die Stufen und Säulen des Schlosses waren ebenso geschmückt. Schwester und die Schulkinder sangen, als wir ankamen; Muttel, Tante Leoni und Tante Viola weinten, und wir waren alle sehr glücklich!

Oberschlesien

Neue Probleme erwarten sie: Männer aus ihrer Familie kämpfen in Oberschlesien – »die Zustände sind *viel* schlimmer, als die Zeitungen zugeben« (S. 67).

Oberschlesien war seit dem 8. November 1919 eine selbständige preußische Provinz geworden. Damit gab es nun zwei schlesische Provinzen: Niederschlesien mit der Hauptstadt Breslau und 3,15 Millionen Einwohnern und

Porträt mit Hut
(1920)

Oberschlesien mit der Hauptstadt Oppeln und 2,2 Millionen Einwohnern. Damit wollte die preußische Regierung eventuellen Bestrebungen zur staatlichen Unabhängigkeit Oberschlesiens nicht im Wege stehen. Die harten Bedingungen des Versailler Vertrags trafen Schlesien auf besondere Weise: ursprünglich sollte ganz Oberschlesien an Polen abgetreten werden; ein Aufschrei der Empörung auf deutscher Seite war die Folge. In einer späteren Fassung des Vertrages (28. Juni 1919) war eine Volksabstimmung im östlichen Oberschlesien vorgesehen; die Provinz sollte also zwischen dem Deutschen Reich und der Republik Polen aufgeteilt werden. Der Kampf um die Abstimmung führte zu polnischen Aufständen und bürgerkriegsähnlichen Zuständen, die auf beiden Seiten von paramilitärischen Verbänden mit brutaler Härte ausgefochten wurden. Das Abstimmungsergebnis am 22. März 1921 ergab 59,6 % für den Verbleib bei Deutschland und 46,3% für den Anschluss an Polen. Allerdings war die polnische Seite nicht bereit, das in mancher Beziehung unklare Ergebnis zu akzeptieren, und rief am 3. Mai 1921 zu einem dritten Aufstand auf; polnische Soldaten kämpften jetzt gegen deutsche Freikorps. Entscheidend war der Kampf um den Annaberg am 21. Mai 1921, die polnische Seite unterlag.

Dorothy schreibt den Eltern am 18.6.21:

> Im Moment beherrscht Oberschlesien alle unsere Gedanken. Wir hofften alle, daß die englischen Truppen die Ordnung wiederherstellen würden, aber sie sagen, ihnen seien die Hände gebunden, was vermutlich heißt, daß die Franzosen im Osten Konzessionen gemacht haben, damit man ihnen erlaubt, Europa zu dominieren. Die Leiden der Einwohner sind groß, und es werden schreckliche Grausamkeiten begangen. Der *Selbstschutz* besteht meistenteils aus Studenten unter dem Kommando ehemaliger Offiziere, denn die Reichswehr darf nicht hingehen. Keine Nachricht von C. Viggo und Hans Carl, was sehr unangenehm ist.

Montag, 20.6.21. Der Y.T. ist gerade aus Breslau heimgekehrt, wo er gestern an einer regionalen Konferenz der Volkspartei teilgenommen hat und ins Komitee gewählt worden ist. Er ist ebenso unglücklich über Oberschlesien wie alle anderen. [...] Die Bevölkerung ist schrecklich verbittert, was so schlecht für die Seele eines Volkes ist, und die Alliierten sind einfach dabei, den deutschen Militarismus wiederzuerschaffen. Inzwischen leiden die Oberschlesier fürchterlich. (S. 68)

Creisau, 3.7.21

Am Nachmittag kam Carl Viggo zu unserer großen Freude aus Oberschlesien an. Der *Selbstschutz* ist aufgelöst worden, aber sie rechnen alle mit einem neuen polnischen Aufstand und sagen, daß sie nicht entwaffnet sind, sondern einfach nur ihre Waffen vorübergehend versteckt haben. [...] Die Polen sind ganz einfach Banditen, gar keine regulären Einheiten, mit französischen und polnischen Offizieren. [...] Der deutsche *Selbstschutz* besteht aus Studenten (es gibt Regimenter von Studenten) und Arbeitslosen, und C. V. hat uns viel Interessantes über diesen Guerillakrieg erzählt. Er sagt, beide Seiten verüben schreckliche Greuel, denn diese Sondertruppen und Aufständischen sind sehr schwer zurückzuhalten. (S. 68f.)

Schließlich setzte der Völkerbund in der Genfer Konvention vom 15. Mai 1922 die endgültigen Grenzen fest. Das oberschlesische Industriegebiet wurde geteilt: 85 % aller Kohlereviere und 75 % der Industrieanlagen fielen an Polen, Verwaltungssitz des gewonnenen Gebiets wurde Kattowitz. Da die Teilung dem Selbstbestimmungsrecht, wie es im Versailler Vertrag festgelegt war, nicht entsprach, sondern nach wirtschaftlichen Kriterien erfolgt war, wurde ein bilateraler Minderheitsvertrag zwischen dem Deutschen Reich und der Republik Polen geschlossen, um Minderheiten zu schützen und die wirtschaftlichen und sozialen Verhältnisse in den abgetretenen Gebieten zu regeln.[46]

Helmuth James von Moltke, inzwischen vierzehn Jahre alt, erinnert sich:

> Dann kam die Zeit der Oberschlesischen Insurgentenkämpfe und der Oberschlesischen Abstimmung. Das alles fand seinen Niederschlag bei uns. Carl Viggo [Moltke, ein Onkel] und Hans Carl [Hülsen, ein Vetter] waren Mitglieder eines Freicorps, und Hans Adolf [Moltke, ein Onkel] war deutscher Vertreter [bei der Kommission]. Kämpfe fanden in unmittelbarer Nähe von Bankau, Muttels Heimat, statt, und so kam das alles in romantischer Verkleidung zu mir. Als die Transporte mit den Abstimmungsberechtigten aus dem Reich nach Oberschlesien rollten, da wurden wir nach Königszelt geschickt, um dort an die Durchreisenden Essen und Getränke auszuteilen. So hatte ich denn durchaus das Gefühl, irgendwo an dem Abstimmungserfolg beteiligt gewesen zu sein.[47]

Helmuth James

Im Schloss Creisau ging das Leben trotz aller Sorgen munter weiter. »Im Winter spielten wir immer Theater«, erinnert sich Helmuth James im Brief an die kleinen Söhne, und vom 15. Dezember bis Mitte Januar gab es eigentlich allabendlich irgendwelche Aufführungen, wenn nicht Weihnachtsfeiern waren. Alles spielte mit, groß und klein. Ich war schauspielerisch gar nicht begabt, sondern hatte meist die Regie zu besorgen, also zu sehen, daß alles zur Stelle war, die Kleider zu beschaffen, die Bühne, die Lichteffekte, die Kulissen zu arrangieren. […] Wir Kinder spielten immer, und die Erwachsenen spielten bei den großen Sachen mit, so bei Faust I, Tor und Tod, Hamlet. […] Meine Glanzleistung auf dem Gebiet der Regie war Faust I, wo sich der Vorhang nicht nach rechts und links öffnete, sondern nach hinten hochzog und dann zugleich das Himmelsgewölbe bildete. Papi war Faust, Hans Carl Mephisto, Le Lehmann Gretchen. Ein weiterer Effekt bei jener Aufführung war mir in der Beleuchtung gelungen, da ich vor die gesamte Beleuchtung einen Wasserwiderstand geschaltet hatte, so daß ich die Lichter einzeln oder im ganzen langsam dunkler werden lassen konnte.

Außer dem Theater gab es noch eine Laterna magica und Gesellschaftsspiele aller Art: Lesen mit verteilten Rollen und sehr viel Charaden. Wenn wir mal im Winter allein waren, was sehr selten geschah, dann las Papi uns vor.[48]

Die glücklichen Kinderjahre fanden nach der Versetzung in die Obersekunda, also die gymnasiale Oberstufe, 1923 ein Ende, als Muti und Dorothy beschlossen, Helmuth James in das Landerziehungsheim Schondorf am Ammersee zu geben. Er würde in Creisau zu sehr verbauern, meinten sie, er müsse nun etwas anderes sehen und erfahren. Es wird Dorothy schwergefallen sein, ihren Ältesten in ein Internat zu geben, doch ist sie von Schondorf überzeugt:

Creisau, 12.1.22

Sonnabend [14.1.22] Die 2 Helmuths kamen gestern an und waren mit der neuen Schule und ihrer kleinen gemeinsamen Reise sehr zufrieden. Der Junge in einem neuen Anzug, da er in der Bahn aus seinem alten herausgeplatzt war, der so alt war und er so groß! Der Y.T. war von der Schule und ihrer Leistung sehr beeindruckt. Sie hat 5 oder 6 Häuser, in jedem ein *Hausvater* und eine *Hausmutter*, so daß die Jungen so etwas wie Familienleben haben. Das meiste wird unter »Selbstverwaltung« gemacht, d.h. die Jungen entscheiden die meisten Fragen unter sich selbst, wie Strafen usw. Die Jungen sehen Abschreiben, Trinken und Rauchen als schlecht an, und die gemeinsame Haltung hält sie von dergleichen ab. Jeder Junge hat ein Handwerk – Schreinern, Schmiedearbeit, Töpfern, Gärtnerei etc. Dann verbringen sie ihre Freizeit auf dem See und treiben viel Wintersport sowie Fußball etc. Ich glaube, es wird für den Jungen ganz herrlich sein. (S. 73)

Creisau, Sonnabend, 11.2.22

Jetzt bin ich daran, die Ausstattung des Jungen für Schondorf fertig zu machen. [...] Dann kommt seine Konfirmation und ein neuer Anzug dafür. Die Zeremonie wird hier im Haus sein, und wir lassen einen Frack des Y.T., aus dem er vor Jahren herausgewachsen ist, für den Jungen ändern, der gut angezogen sein muß, um anständig auszusehen. Der Junge und ich fahren ungefähr am 1. Mai nach Schondorf ab, und seine Konfirmation (so eine dumme Veranstaltung, aber am Ende wollte er sie wegen der Tradition, weil er der Älteste ist usw.) wird zwischen Ostern und Ende April sein. (S. 75)

So empfindet es Dorothy als Anhängerin der *Christian Science.* Sie ist offen für die spirituellen Strömungen ihrer Zeit und fühlt sich darin einig mit ihrer befreundeten Schwägerin Margarethe von Trotha, die sich ebenfalls der *Christian Science* verschrieben hat. So überrascht es nicht, dass beide Frauen sich für die Theosophie Rudolf Steiners interessieren:

> Creisau, 3.2.22
>
> Am Mittwoch fuhr ich mit Ete nach Breslau – heutzutage ein »Ereignis«, da ein Retourbillet 3. Klasse 60 Mark kostet. Aber wir wollten eine »Eurhythmie«-Vorführung sehen, die von einer »Truppe« des Theosophen Dr. Steiner gegeben wurde. Dr. Steiner hat seine beiden Zentren in Stuttgart und Dornach bei Basel, und dort haben die Theosophen aller Länder geholfen, einen Tempel namens »Goetheanum« zu bauen. [...] Für Uneingeweihte wie mich ist Eurhythmie einfach ein Tanz zu Rezitationen, aber die Erwählten sehen es als eine neue Kunst an, eine neue Ausdrucksform. Mir schien die Vorführung sehr gut, aber nicht hinreißend.[49] (S. 74)

Wechselseitige Toleranz bestimmt das Familienleben, Religion ist Privatsache. Trotz seiner Zugehörigkeit zur *Christian Science* behielt Vater Helmuth seine traditionellen Funktionen in der Landeskirche als Graf und Besitzer von Creisau bei. Religiöse Erziehung spielte im Familienleben kaum eine Rolle. Keines der Kinder ist der religiösen Orientierung der Eltern gefolgt, vielmehr wurden sie alle Protestanten und Lutheraner in der Tradition der Familie.

Nun steht die erste Trennung von Helmuth James bevor. Wehmütig schreibt Dorothy am 10.3.22 an die Eltern:

> Morgen sind es 15 Jahre seit der Geburt von Helmuth James – und es kommt mir wie gestern vor. Sie waren, was ihn, den lieben Jungen angeht, ganz wolkenlose Jahre, und jetzt nähert sich der große Schritt fort von zu Hause. Sein letzter Geburtstag zu Hause. Ich habe ganz feierliche Gefühle. Er ist so ein guter Kerl, all seine Anlagen sind richtig, ein im besten Sinne normaler Mensch, so fähig, fleißig, liebevoll und absolut zuverlässig. Trotz seiner Größe und obgleich er in vieler Weise erwachsen ist, ist er erotisch noch ganz unerweckt, was nur gut ist. Er geht gewöhnlich um halb neun ins Bett und steht um fünf Uhr auf. Das ist doch ein gesunder Stundenplan? Sein einziger Fehler ist im Moment, daß er für sein Alter zu erwachsen ist, aber Schondorf wird das hoffentlich ändern. (S. 76)

Das Internat in Schondorf entpuppte sich als Fehlentscheidung. Helmuth James schildert seine Erlebnisse im Brief an Caspar und Konrad:

> Ich fand andere Jungen, die ich überwiegend nicht mochte. Ich fand einen sogenannten »Landheimgeist«, den ich verabscheute. Ich habe anfangs nicht gewußt, was ich daran verabscheute, und habe das erst viel, viel später erkannt, als es mir das dritte und vierte mal begegnete. Es gelang einigen Gleichgesinnten und mir, wenigstens in unserer Klasse erfolgreich gegen diesen »Landheimgeist« anzukämpfen, und einer meiner Freunde und ich, wir waren immer abwechselnd Vertreter unserer Klasse im Schülerrat, wo wir als ständiger Vorwurf gegen die Heuchelei und die Hohlheit des Landheimgeistes wirkten. Das konnte nicht lange gut gehen.

Die opponierenden Jungen wurden in das Haus des Direktors verlegt. Bald waren sie eine Gruppe von zehn; sie wurden von ihren Mitschülern schikaniert, schließlich verprügelt. Im Juni 1923 verließen sie die Schule. Carl Deichmann, der spätere Schwager, war dabei. »Damit war der erste große Konflikt ausgekämpft.«[50]

> Als ich nach Schondorf in die Schule kam, da habe ich vor Heimweh so gut wie jede Nacht, viele Monate lang, geweint. Es war aber nicht nur Heimweh, sondern Sehnsucht nach meiner Mutter.[51]

Nach dieser Erfahrung ließen ihn die Eltern eine neue Schule wählen – Helmuth James entschied sich für ein Gymnasium in Potsdam und lebte bei den Verwandten Mirbach.[52] Ein gutes halbes Jahr später, am 29.11.23, berichtet Dorothy stolz:

> Habe ich Euch erzählt, daß der Junge seine Tanzstunden wirklich genießt und daß er viel tanzt? Das ist sehr gut für ihn. Im Januar kann er dank Eurer Freigiebigkeit auch dem Golfclub beitreten, so geht alles aufwärts! Er ist auch sehr »gebildet«! und geht ständig in Bildergalerien in Berlin, und dann auf Freikarten mit Mädi in die Oper. Mirbachs sind sehr gut zu ihm, er scheint in Potsdam sehr glücklich zu sein und ist viel mit den Söhnen des Kronprinzen zusammen, da 2 von ihnen in seiner Klasse sind. (S. 83)

Auch im ländlichen Kreisau verschärften sich die Probleme des Alltags, wie sich im Brief vom 5.10.23 zeigt:

> Ich persönlich wünschte, wir würden bald zusammenbrechen, und dann wäre es vorbei, die Hoffnungslosigkeit der jetzigen Situation ist so nervenzerrüttend. [...] Wir zählen jetzt nichts mehr unter einer Million, eine Zeitung kostet 5 Millionen, Inlandbriefmarken 2 Millionen etc.

Das klingt nach Panik, für Dorothy überraschend, die doch gewöhnlich zuversichtlich und positiv erscheint. Sie beauftragt Helmuth James, in Potsdam beim britischen Konsulat Visa zu besorgen, damit die Familie notfalls das Land verlassen kann. Die Güter und Dörfer der Umgebung haben sich mit Erlaubnis der Regierung bewaffnet, um sich gegen »marodierende Banden oder einen kommunistischen Putsch verteidigen zu können« (S. 77).

Ursache für die Inflation, die in ihrem Endstadium geradezu bizarre Ausmaße annahm – eine Briefmarke für das Inland kostete am 12. November 1923 10 Milliarden Mark –, war letztlich die Finanzierung des I. Weltkriegs. Die kriegsbedingte Geldvermehrung wurde durch »Kriegsanleihen« anstatt durch Steuern gedeckt, die nach einem Sieg mit Reparationen der unterlegenen Nationen zurückgezahlt werden sollten. Auf diese Weise war der Krieg von 1870/71 finanziert worden, und es ist nicht verwunderlich, mit welcher Genugtuung nun die Franzosen im Versailler Vertrag den Spieß umdrehten und hohe Reparationen von Deutschland forderten. Weil die Reichsregierung sich außer Stande sah, die geforderten Leistungen termingerecht aufzubringen, kam es 1923 zur Besetzung des Ruhrgebiets durch französische und belgische Truppen. Wütender Protest im Reich war die Folge, denn die als unerträglich hoch empfundenen Reparationszahlungen waren nach allgemeiner Überzeugung nur geringfügig ins Stocken geraten. Die Situation eskalierte zum »Ruhrkampf«, zu passivem Widerstand und Generalstreik. Notgedrungen wurde auch der Streik über die Druckerpresse finanziert und heizte die Inflation weiter an, die KPD erhielt ungeahnten Zulauf und bereitete sich auf die Revolution vor. In dieser ausweglosen Situation brach Reichskanzler Stresemann am 26. September 1923 den Ruhrkampf ab, um einen kommunistischen Umsturz zu verhindern. Am 15. November 1923 gelang seinem Kabinett das »Wunder der Rentenmark« – ein Provisorium, gedeckt durch im Inland befindliche Sachwerte, die Rückkehr zur Goldwährung sollte später erfolgen. Ausgangspunkt für die Einführung der Rentenmark war der Kurs 1 $ zu 4,2 Billionen Mark. Festgelegt wurde ein Umtauschverhältnis von 1 Billion Papiermark zu 1 Rentenmark; damit war der Wechselkurs von Mark zu Dollar vor Beginn des Krieges wieder erreicht.[53]

Leidtragende der inflationären Geldentwertung waren vom Staat abhängige Beschäftigte wie Beamte und die Besitzer von Geldvermögen, die nun verarmt waren.

Dorothy am 29.11.23:

> Die stabile Währung wird langsam aber sicher auf den Markt gebracht, und alles, sogar Briefmarken, wird nach »Goldmark« berechnet. Im Moment ist eine »Goldmark« eine Milliarde wert, aber in New York komischer Weise achtmal so viel. (S. 82)

Am 6.12.23:

Natürlich ist uns jetzt allen klar, wie arm wir sind, denn das Geld ist knapp, seit die Inflation aufgehört hat, und es ist sehr überraschend und ernüchternd festzustellen, daß ein englisches Pfund plötzlich kein Zauberstab mehr ist, sondern wirklich nur Waren im Wert von zwanzig Mark kauft, oder vielmehr 12-14 Mark, denn alles ist viel teurer, wie überall, seit dem Krieg.

Am 21.12.23:

Der Y.T. ist heute Nacht auf Patrouille. Der Arme macht sich große Sorgen um die neuen Steuern – *Notsteuern* heißen sie –, die täglich auf uns niederprasseln. Tatsache ist, daß die Regierung nicht genug Geld hat, um Gehälter usw. zu zahlen und deshalb auf jede erdenkliche Weise versuchen muß, Geld zusammenzukratzen. Das mußte natürlich kommen, als die Druckerpressen angehalten wurden, aber es ist sehr unangenehm. Die Reichsminister haben alle für den Winter auf ihre Aufwandsentschädigung verzichtet, um bei der Sparsamkeit mit gutem Beispiel voranzugehen, und Gehälter, Renten usw. werden alle um 50% reduziert, unser armer kleiner Pastor bekommt nur 25% seines Vorkriegsgehalts, das schon bescheiden genug war. Die Preise sind größtenteils unheimlich niedrig, aber wir haben alle kein Geld, Sachen zu kaufen. Gleichzeitig hebt es die Lebensgeister, Orangen, Zitronen, getrocknete Feigen und andere »ausländische« Produkte in den Läden zu sehen; sie haben einem so lange gefehlt. [...] Und doch glaube ich, daß wir es schaffen werden, obgleich bis dahin viele verhungern werden, und wir werden alle wahrscheinlich finanziell, mehr oder weniger, auf Jahre hinaus ruiniert sein. Aber die Hauptsache ist, daß wir nicht untergehen, weder die Familie noch die Nation, und in der Beziehung bin ich ganz optimistisch, wie könnte es auch anders sein mit all den lieben Kindern, die eine solche Freude und Hoffnung für die Zukunft sind?

Der Mangel an Nahrungsmitteln ist auch für Creisau ein Problem. Dorothy am 10.10.23:

Meine liebe Mutter, die Kartoffelernte ist fast im ganzen Land schlecht (sogar wir versuchen, welche zu kaufen), und die unglücklichen Städter gehen von einem Hof zum anderen, und versuchen für den Winter einen Sack zu kaufen, meist ohne Erfolg. Die Läden sind fast leer, außer vielleicht den wenigen großen Warenhäusern, denn kein Kaufmann hat genug Kapital, um genügend Ware zu kaufen. Man kann nicht mehr als ¼ Pfund Kaffee, Tee oder Kakao auf einmal kaufen oder 1 Pfund Reis, Erbsen oder andere Nahrungsmittel. (S. 78)

Am 25.10.:

Überall werden Armenküchen für die Städter organisiert. Brot ist jetzt so teuer, daß viele Leute es nicht kaufen können. [...] Den ganzen Tag kommen Leute und fragen nach Essen oder Kartoffeln oder Holz, es ist ebenso herzzerreißend wie lästig. Ich wundere mich nur, daß alles noch so ordentlich ist. Die Deutschen sind wirklich ein sehr diszipliniertes und ruhiges Volk. (S. 79)

Am 2.11.23:

> Wir haben in Schweidnitz eine *Notgemeinschaft* gebildet, und alle Bauern geben etwas von ihren Produkten ab, welche wiederum an die Bedürftigsten weitergegeben werden, auch Milch und Zucker für die Babies, aber auch das ist nicht genug für die Bedürfnisse so vieler Unglücklicher. (S. 80)
>
> [...] im Moment werden wir alle dankbar sein, wenn nicht allzuviele Menschen diesen Winter an Hunger und Kälte sterben. (S. 83)

Räterepublik in Bayern und Hitlerputsch

Am 9.11. schreibt Dorothy:

> Heute lese ich in der Zeitung, daß Hitler in Bayern eine Diktatur ausgerufen hat. Ich traue weder ihm noch den Bayern, obgleich ich sicher bin, daß sie ihre Verbindung mit dem Reich nicht auflösen wollen, aber sie haben keinen Weitblick oder politischen Verstand, der überhaupt in diesem Lande eine sehr seltene Gabe ist. Es ist wirklich ein fürchterliches Durcheinander, und wenn sich Europa und Amerika nicht von dem französischen Einfluß freimachen können und großzügig und staatsmännisch handeln, weiß ich nicht, wie sich Deutschland erholen soll. Die Entbehrungen sind unendlich viel schlimmer als während der Blockade, und es ist ein Wunder, daß überhaupt die Ordnung aufrechterhalten wird. (S. 80)

Nach der Revolution 1918 hatten überall in Deutschland erbitterte Auseinandersetzungen zwischen Anhängern einer parlamentarischen Demokratie und Verfechtern einer sozialistischen Räterepublik stattgefunden. Anhängern der direkten Demokratie reichte es nicht, über Parteien Abgeordnete für ein Parlament zu wählen, auch in Bayern wurde nach dem Sturz des Königs eine sozialistische Republik sowie der »Freistaat« Bayern von Kurt Eisner (USPD) ausgerufen. Arbeiter- und Soldatenräte hatten ihn zum Ministerpräsidenten gewählt. Nach seiner Ermordung durch einen Studenten aus dem völkischen und antisemitischen Umfeld versuchten Intellektuelle und Dichter wie Erich Mühsam, Ernst Toller und Gustav Landauer, in ein chaotisches Machtvakuum hinein ihre Ideale einer friedlichen und gerechten Gesellschaft unmittelbar zu verwirklichen, doch Freikorpsverbände, schließlich Einheiten der Reichswehr machten dem anarchistischen Traum ein Ende.[54] Am 2. Mai 1919 wurde die Münchner Räterepublik endgültig blutig zerschlagen. Spätestens ab 1920 unter dem Ministerpräsidenten Gustav Ritter von Kahr entwickelte sich Bayern zur nationalistischen »Ordnungszelle« im Deutschland der Weimarer Republik, zum Nährboden für nationalsozialistische und antisemitische Umtriebe. Die Angst vor einem kommunistischen Umsturz, vor einer internationalen Diktatur des Proletariats, gab den völkischen Kräften Auftrieb, die eine »Auflösung der Nation«[55] fürchteten. Ihnen kam es darauf an, die »Volksgemeinschaft« zu bewahren und zu stärken, von fremden Einflüssen freizuhalten.

Nach dem Vorbild von Mussolinis Marsch auf Rom (1922) unternahmen Erich Ludendorff und Adolf Hitler am 8. und 9. November 1923 einen Putschversuch der NSDAP gegen die bayerische Landesregierung. Das sollte nur der Anfang sein; bayerische Reichswehrtruppen in Verbindung mit antidemokratischen Wehrverbänden sollten dann nach Berlin marschieren und eine nationale Diktatur errichten. Anlass war der Abbruch des passiven Widerstands gegen die Ruhrbesetzung durch Stresemann – dieser »Verrat« an der deutschen Sache war schon von der bayerischen Regierung nicht hingenommen worden. Sie hatte den Ausnahmezustand verhängt, die Grundrechte außer Kraft gesetzt und gefordert, von der bayerischen »Ordnungszelle« aus eine »nationale Diktatur« zu errichten. Damit war der Boden bereitet; Hitler und Ludendorff brauchten nur auf einen günstigen Zeitpunkt zu warten. Der Putsch begann am Abend des 8. November im Bürgerbräukeller. Die Regierung war nach Regensburg ausgewichen und hatte von dort aus den regierungstreuen Einheiten der Polizei den Schießbefehl erteilt. Noch in München hatte der stellvertretende Ministerpräsident Franz Matt einen Aufruf gegen den »Preußen« Ludendorff erlassen, der Wirkung zeigte. Obgleich in der Nacht Gustav von Kahr und seine Verbündeten sich von dem Putsch distanziert hatten, marschierten am 9. November Ludendorff und Hitler mit ihren Anhängern in Richtung Feldherrnhalle. Bei Schusswechseln mit der bayerischen Landespolizei gab es Tote und Verletzte. Ludendorff wurde verhaftet und am gleichen Tag wieder freigesetzt, Hitler konnte fliehen, wurde am 11.11. verhaftet und zu 5 Jahren Haft in der Festung Landsberg verurteilt. Dort begann er sein Buch »Mein Kampf« zu schreiben, wurde jedoch schon Ende September 1924 wegen guter Führung entlassen.

Wie tief in Bayern das antidemokratische und nationalistische Gedankengut bereits verankert war, zeigt sich an den viel zu milden Urteilen im Hochverratsprozess vor dem Volksgericht in München im Frühjahr 1924. Hitler schaffte es durch seine rhetorischen Fähigkeiten, sich vom Angeklagten zum Ankläger zu verwandeln: Die Dolchstoßlegende lieferte ihm die Argumente für einen Putsch gegen die »Landesverräter«, die den Versailler Vertrag unterschrieben hatten. Vom Gericht wurde abgelehnt, ihn als Ausländer nach Verbüßung seiner Strafe aus Deutschland auszuweisen, obgleich das Republikschutzgesetz es erforderte, zu sehr entsprach er in seinem Denken und Handeln den eigenen Vorstellungen. Ludendorff wurde wegen seiner Verdienste im Weltkrieg freigesprochen.[56]

Wie gut informiert Dorothy ist und wie klar sie urteilt, zeigt sich beispielhaft in ihren Kommentaren:

> Wir nehmen alle lebhaftestes Interesse an dem Hitler-Ludendorff-Prozeß. Ich könnte über die Verständnislosigkeit all dieser wohlanständigen und patriotischen deutschen Konservativen heulen, sie lernen nichts, und alle Hoffnung ist umsonst; daß eine große und in vieler Hinsicht ganz hervorragende Nation von diesen Männern regiert, d.h. schlecht regiert wird, ist ein tragischer Gedanke. Ich glaube, kein anderes Land besitzt eine so große Anzahl davon wie Deutschland. Die Augen haben, aber nicht sehen. (5.3.24, S. 93)

> Dieser Hitler-Ludendorff-Prozeß ist auch eine Tragödie; bis jetzt, scheint mir, haben alle Beteiligten einen erbärmlichen Eindruck gemacht. So konfuses Denken, eine solche Flucht vor der Wirklichkeit, Schuljungenansichten; es ist wirklich traurig, und ich möchte meinen, daß es den Konservativen in der nächsten Wahl sehr schaden wird. (26.3.24, S. 94)

Uns alle hat das Urteil im Hitler-Ludendorff-Prozeß natürlich sehr interessiert. Meiner Meinung nach war es viel zu milde. Die Wahrheit ist, daß es nicht das richtige Gericht für den Fall war (das wäre in Leipzig gewesen), sondern ein *Volksgericht,* eine Institution, die am 1. April aufgelöst worden ist und die Bayern ins Leben gerufen hatte, um »rechte« Putschisten milde und Kommunisten hart zu behandeln. Es bestand aus Laien und Richtern. Leipzig hätte den Fall viel unparteiischer behandelt. Aber die Schwierigkeit ist natürlich, daß ein großer Teil des Volkes mit diesen Männern sympathisiert. [...] Politisch ist Deutschland ein hoffnungsloser Fall. Seine Instinkte und Mentalität sind in der Politik *immer* falsch, es ist ganz seltsam und sehr traurig. Das ist der Grund, warum so viele der besten Geister sich ganz vom politischen Leben abwenden, aber das ist natürlich auch nicht gut. (2.4.24, S. 95)

Jahre der Zuversicht

England

So sehr für Dorothy die Not in Deutschland im Vordergrund steht, nie hat sie ihre angelsächsische Perspektive und damit den Weitblick verloren. So schreibt sie am 6.12.23 aus Creisau:

> Ich bin sehr gespannt auf das Ergebnis der englischen Wahlen, es ist wichtig, nicht nur für das britische Weltreich, sondern auch für uns und die ganze Welt. Wenn nur die Konservativen aus dem Feld geschlagen würden. Ich bin wirklich, was Konservative angeht, sehr intolerant, ich kann sie politisch nicht ausstehen.

Dorothys Hoffnung erfüllte sich nicht, allerdings hatten die Konservativen unter Stanley Baldwin hohe Verluste zu verzeichnen; sie verloren die absolute Mehrheit im Unterhaus. Die Liberalen dagegen kamen auf beinahe 30% und wurden fast so stark wie die Labour Party.

Creisau, 13.12.23:

> Später einmal, wenn Deutschland wieder auf seinen Füßen steht, wird ein weiser Staatsmann – vielleicht der Junge [the boy] – eine Einigung herbeiführen müssen, um einen unnötigen Konkurrenzkampf zwischen dem englischen und dem deutschen Handel zu vermeiden, »Einflußsphären« oder so etwas, denn sonst wird sich der deutsche Fleiß wieder als höchst unangenehm erweisen. (S. 85)

Am 10.1.24:

Ich verfolge die Ereignisse in England mit großem Interesse. Eine Labour-Regierung ist eine außerordentliche Neuerung für England. Hier ist der Sozialismus kein Erfolg gewesen, aber die englischen Sozialisten sind gemäßigter und, wie mir scheint, Männer größerer Statur, so daß es in der nächsten Zeit interessant sein wird, ob sie etwas von ihren Idealen in die Praxis umsetzen können. Für Deutschland ist die Labourpartei ein ausgesprochenes Plus, und ich hege die Hoffnung, daß sie etwas couragierter daran gehen wird, Europa in Ordnung zu bringen, als die anderen Parteien bisher. Aber es ist merkwürdig, daß heutzutage nirgends, auch nicht in England, klare Mehrheiten – wie sie das parlamentarische System braucht – zustande kommen, überall gibt es Koalitionen und Kompromisse, es ist ein Zeichen der Zeit, und wir werden neue Wege beschreiten und neue Modelle entwickeln müssen, wenn wir Fortschritte machen und nicht hoffnungslos in die Balkanisierung zurückfallen wollen. (S. 87)

Am 30.1.24:

Ramsay MacDonald hat bis jetzt eine vorzügliche Presse in Deutschland gehabt. Es ist zu komisch, wie die reaktionärsten Zeitungen lange und wohlwollende Artikel über ihn bringen, seine Laufbahn, seinen Pazifismus usw., und dabei weiß man, daß ihnen in Wahrheit seine Ansichten ein Greuel sein müssen, nur: er verspricht vernünftigere internationale Beziehungen, das erklärt alles. Aber es ist nur gut, wenn diese reaktionären Zeitungen ernsthaft über den Pazifismus und den Völkerbund schreiben. Es mag komisch sein, hat aber doch eine erzieherische Wirkung. (S. 89)

Ramsay MacDonald (1866-1937) war der erste Premierminister der Labourpartei. Er stammte aus der Arbeiterklasse und verfügte über keine akademische Bildung. Im Gegensatz zu Deutschland hatte sich die englische sozialistische Partei nicht gespalten, sondern bezog geschlossen Position gegen den Kommunismus. Von Januar bis November 1924 führte MacDonald eine Minderheitsregierung mit Duldung der Liberalen unter Asquith mit dem erklärten Ziel, zur Lösung des Problems der deutschen Reparationen beizutragen.

Der Dawes-Plan

Gustav Stresemann war die Beendigung der deutschen Inflation und das Ende des Ruhrkampfs gelungen, danach hatte er das Gespräch mit den Westmächten gesucht, um die Höhe der Reparationen überprüfen zu lassen. Am 30. November 1923 war von der Reparationskommission ein Sachverständigenausschuss unter dem amerikanischen Finanzexperten Charles Gates Dawes (1865-1951) einberufen worden, der am 9. April 1924 einen Vertragsentwurf vorgelegt hatte.

MacDonald nun berief im Juni 1924 eine Konferenz der Siegermächte nach London ein, um den Vertragsentwurf zu diskutieren: Ergebnis war das Londoner Abkommen vom 16. August 1924. Danach sollten sich die Reparationszahlungen in der näheren Zukunft an der wirtschaftlichen Leistungsfähigkeit des deutschen Reiches orientieren. Das Abkommen war unter Beteiligung Frankreichs zustande gekommen und hatte zur Beendigung der Ruhrbesetzung geführt. Auch deutsche Delegierte waren einbezogen. Es folgte ein britisch-deutscher Wirtschaftsvertrag.

Der Dawes-Plan vom 16. August 1924 ist durch das Ende der deutschen Inflation möglich geworden; er trug wesentlich zur Stabilisierung der Weimarer Republik bei. Druck aus den USA, die Politik Gustav Stresemanns und die Mithilfe Englands hatten dazu geführt, dass die deutsche Wirtschaft sich nun erholen konnte, dass die Stimmung im Reich sich aufhellte. Das Engagement der USA bewirkte das Ende der von Krisen bestimmten Nachkriegszeit.[57]

Der Völkerbund

Creisau, 17.9.24:

> Die Zeitungen hier schreiben viel über Deutschlands Beitritt zum Völkerbund, auch über die Kriegsschuld, ein sehr schmerzliches Thema in diesem Lande. Ich persönlich sehe nicht, wie Deutschland dem Völkerbund jetzt schon beitreten kann – selbst wenn die anderen es mit gleichen Rechten hereinlassen, – weil niemand im Vaterland im Herzen den Versailler Vertrag akzeptiert. Elsaß-Lothringen, die dänischen Gebiete und Posen ja, aber der Korridor, Memel, Danzig und Oberschlesien, die Kriegsschuldfrage und so weiter, da würde keiner freiwillig zustimmen. Aber die europäische Atmosphäre *hat* sich merklich verbessert, daran besteht kein Zweifel. (S. 105)

Im Gegensatz zur Auflösung des Habsburger Vielvölkerstaats war das deutsche Staatsgebiet nach 1918 im Wesentlichen erhalten geblieben. Allerdings gingen Elsaß-Lothringen, Nordschleswig und Teile Westpreußens verloren, das Memelland um Tilsit wurde 1923 an Litauen abgetreten. Danzig wurde unter die Verwaltung des Völkerbunds gestellt, das Rheinland unterlag bis 1930 der alliierten, das Saargebiet bis 1935 der französischen Verwaltung. Wie bereits berichtet, ging das südliche oberschlesische Industriegebiet trotz deutscher Abstimmungsmehrheit an Polen. Ebenso gehörte ein Teil Westpreußens zu Polen: um das abgetrennte Ostpreußen mit dem »Reich« zu verbinden, wurde ein »Korridor« geschaffen, durch den versiegelte Züge fuhren; zur Benutzung der Transitstraßen war bei einem polnischen Konsulat ein Durchreisevisum zu erwerben.

Volksabstimmungen in Grenzgebieten waren auf Ideen des amerikanischen Präsidenten Woodrow Wilson zurückzuführen. Im Glauben an die besondere Sendung der amerikanischen Nation war er davon überzeugt, dass Frieden nur unter Demokratien zu erreichen und zu bewahren sei. In »Vierzehn Punkten«, die er am 8. Januar 1918 als Vorbedingung für Friedensgespräche nannte, ging es ihm deshalb um die Auflösung der Habsburger Monarchie und des Osmanischen Reiches, ferner um die Freiheit der Meere, ein Ende der Geheimdiplomatie, den Abbau von Handelsschranken, allgemeine Abrüstung und das Selbstbestimmungsrecht der Völker. Aus diesen Forderungen erwuchs die neue Institution des Völkerbundes mit dem Ziel einer umfassenden und dauerhaften Friedensordnung. Dazu gehörten der Schutz von Minderheitsrechten und auch soziale Gerechtigkeit, eine Bedingung für den inneren Frieden der Nationen.

Der Völkerbund mit Sitz in Genf war eine Vorform der UNO, allerdings gehörten ihm weniger Mitglieder an. Seine Wirkung war beschränkt, da fast alle Beschlüsse einstimmig zu fassen waren. Zudem gehörten ihm die Vereinigten Staaten nicht an – der Senat der USA hatte sich von Präsident Wilson übergangen gefühlt und die Ratifizierung der Versailler Verträge verweigert. Die Ziele des Völkerbunds, internationale Konflikte schiedsgerichtlich zu lösen, Abrüstung durchzusetzen, ein System der kollektiven Sicherheit dauerhaft zu sichern, ließen sich nicht erreichen, denn Eigeninteressen von Mitgliedern verhinderten die Umsetzung von Beschlüssen, es mangelte an moralischem Verantwortungsgefühl. In der Welt nach Versailles hatten die siegreichen Westmächte »die größte moralische Möglichkeit der Geschichte«, wie Stefan Zweig rückblickend schrieb, die Chance, die Welt vernünftig zu ordnen. Sie haben sie nicht genutzt. Heute wird Versailles als »die Urkatastrophe des 20. Jahrhunderts« bezeichnet.[58] Nach dem Ende des II. Weltkriegs und der Gründung der UNO beschlossen die noch verbliebenen 34 Mitglieder, den Völkerbund aufzulösen. Deutschland hatte ihm als ständiges Mitglied von 1926 bis 1933 angehört.

Locarno

Die Initiative zu den Verträgen von Locarno (Schweiz) ging vom deutschen Außenminister Gustav Stresemann aus, der Deutschland aus der Isolation befreien wollte und sich eine Normalisierung der Beziehungen zu den Siegermächten zum Ziel gesetzt hatte. Dafür war er bereit, die Westgrenze zu Frankreich und Belgien anzuerkennen. Die Alliierten wiederum waren an einem Sicherheitsabkommen interessiert, besonders Frankreich fürchtete eine deutsche Remilitarisierung. Beteiligt waren auf deutscher Seite Reichskanzler Luther und Außenminister Stresemann, für Frankreich Außenminister Aristide Briand, für England Austen Chamberlain, für Italien Benito Mussolini und in den sie betreffenden Fragen Vertreter Polens und der Tschechoslowakei.

England und Italien zeigten sich bereit, die Unverletzlichkeit der Westgrenze Deutschlands zu garantieren. Eine Festlegung der deutschen Ostgrenzen dagegen lehnte England ab, so behielt Stresemann nach Osten hin freie Hand. Schiedsabkommen mit Polen und der Tschechoslowakei sollten friedliche Lösungen von Streitfragen ermöglichen. Bei Verletzung der Verträge war eine schiedsgerichtliche Lösung durch den Völkerbund vorgesehen. Das Vertragswerk wurde vom 5.-16. Oktober 1925 in Locarno verhandelt und am 1. Dezember in London unterzeichnet, nachdem alle Parlamente zugestimmt hatten; es trat am 10. Oktober 1926 mit der Aufnahme Deutschlands in den Völkerbund in Kraft.

Creisau, 16.10.25:

Wir sind alle über Locarno sehr aufgeregt, obgleich bis jetzt nur sehr wenig Details bekannt geworden sind. Jedenfalls scheinen die Dinge jetzt besser fortzuschreiten, als man für möglich hielt. Wenn ein guter Sicherheitspakt geschaffen wird, darf ich hoffen, daß meinen Söhnen die Grauen des Krieges erspart bleiben, ein unschätzbarer Segen. Findet Ihr nicht auch, daß es großartig von Deutschland war, auf alle Ansprüche auf Elsaß-Lothringen zu verzichten?
(S. 109)

Creisau, 24.10.25:

Ich bin sehr glücklich über Locarno und habe das Gefühl, daß Europa und die Vernunft einen großen Schritt vorwärts gemacht haben. Habt Ihr den Artikel von Garvin im »Observer« vom vorigen Sonntag gesehen, in dem er alle geistigen Verwandtschaften aufzählt, die zwischen Deutschland und England bestehen? Ein sehr gutes Zeichen, aber fast tragikomisch, wenn man an all die Pressepropaganda der letzten 10 Jahre denkt. (S. 109)

Creisau, 4. 12. 25:

Du, lieber Daddy, scheinst über Locarno nicht sehr begeistert zu sein, wahrscheinlich vom Standpunkt der Dominien. Aus der Sicht Europas scheint es mir ein großer Schritt vorwärts zu sein, wenn die Alliierten nur ihre Versprechen halten, die Zustände in den besetzten Gebieten zu verbessern. (S. 110)

Creisau, 11.12.25:

Ich glaube nicht, lieber Daddy, daß Deutschland *wirklich* bei der Unterzeichnung des Locarnopakts etwas aufgegeben hat. Hier denkt kein *Realpolitiker* daran, in den nächsten zwanzig Jahren mit Frankreich zu kämpfen, deshalb ist die westliche Grenze ein *fait accompli* auf lange Zeit. Warum der Tatsache nicht ins Auge sehen, sie zugeben und die französische Nervosität entwaffnen? Es war auch eine schöne Geste, aber vor allem war es einfach das Zugeben von Tatsachen. Es hat mich neulich außerordentlich gefreut, die englischen Proteste gegen die These der deutschen Kriegsschuld zu sehen, die vor ein paar Tagen veröffentlicht wurden. In Frankreich ist dasselbe geschehen, nur dort wurde

Ausruhen auf der Terrasse des Schlosses
(1925)

es, wie mir scheint, von weniger einflußreichen Männern unterzeichnet, mehr Idealisten und Sonderlinge als einflußreiche Namen. Die englische Stimmung gegenüber Deutschland hat sich in letzter Zeit enorm geändert. Glaubst Du, lieber Pessimist, man darf hoffen, daß die Nationen Europas dem Krieg wirklich Hindernisse entgegenstellen werden? Viel schwieriger für Deutschland als Locarno ist der Dawes-Pakt. Wie wir je unsere Schulden bezahlen sollen, die noch nicht ein-

> mal festgesetzt sind, ist mir ein Rätsel. Ich glaube nicht, daß es möglich ist. Wirtschaftlich geht es Deutschland *sehr* schlecht. Nirgends gibt es Geld. Die Geschäfte sind leer, täglich gehen große Firmen in den Bankrott, und jede Fabrik, Farm, jedes Geschäft, jeder Haushalt entläßt Angestellte, so daß Arbeitslosigkeit grassiert. Amerika gibt uns keine Darlehen, es sei denn für 12% Zinsen, was mehr ist, als selbst ein erfolgreiches Geschäft zahlen kann. (S. 110f.)

Innenpolitisch gab es in Deutschland eine »Locarnokrise«. Nationalisten (DNVP) empörten sich gegen die Anerkennung der Westgrenzen, wenn sie auch zu einer Befreiung des Rheinlands von Besatzungstruppen führen würde, und zogen sich aus der Regierung zurück. Die SPD, obgleich in der Opposition, stimmte bei der entscheidenden Abstimmung für die Verträge. Das Kabinett Luther trat zurück. Außenpolitisch dagegen hatte Stresemann einen ersten Schritt zu einer Rückkehr Deutschlands auf die politische Bühne Europas erreicht. Die von MacDonald angeregte Aufnahme in den Völkerbund trug dazu bei, in den Augen der Alliierten den Frieden sicherer zu machen – besonders Frankreich fürchtete den deutschen Revisionismus. Der »Geist von Locarno« bestimmte das politische Klima bis 1930.[59]

Wirtschaftliche Sorgen

Frankreich fürchtete Deutschland nach wie vor, als Mutter von vier Söhnen äußerte Dorothy die Hoffnung, durch die Vereinbarungen von Locarno das »Grauen« eines neuen Krieges gebannt zu sehen – Unsicherheit und Angst bestimmte weiterhin das Lebensgefühl. Dazu kamen Arbeitslosigkeit und wirtschaftliche Engpässe; die Preise für Agrarerzeugnisse fielen, es fehlte an Bargeld. Ihre Eltern hatten Dorothy und ihrem Mann 1000 Pfund geliehen.

Creisau, 20.1.26:

> Es wird momentan an einem Plan gearbeitet, der Landwirtschaft 5 Jahre Kredit zu 7% zu geben, was eine enorme Verbesserung gegenüber allem wäre, was wir bisher hatten. *Wenn* etwas daraus wird und *wenn* Fideikommißgüter das in Anspruch nehmen können, wird uns etwas geholfen sein, obgleich man natürlich der Tatsache ins Gesicht sehen muß, daß ein Gut wie unseres gerade einmal bei äußerster Sparsamkeit eine Familie wie unsere erhalten kann, und das auch nur, wenn die Dinge richtig laufen. Es hat aber keinen Zweck, sich *darüber* Sorgen zu machen. [...] Ich würde nicht so viel über Finanzen schreiben – die Daddy, wie ich weiß, deprimieren –, wenn wir Euch nicht Geld schuldeten, und ich möchte, daß Ihr die Lage versteht und nicht denkt, daß wir die Sache nicht ernst genug nehmen, wenn wir etwas verspätet zurückzahlen. Der Y.T. gibt sich unendliche Mühe, auszukommen und Euch seine Schulden zu bezahlen, die er unerträglich findet, und doch sagte er mir vor ein, zwei Tagen: »Ohne die 1000 Pfund hätte ich überhaupt nicht weitermachen können.« Ich weiß, daß Euch 1000 Pfund auch viel bedeuten und daß Ihr das Geld braucht. (S. 112f.)

Creisau, 25.3.26:

Was Dad über den wirtschaftlichen Zustand Deutschlands schreibt, ist ganz richtig. Er sagt, der einzige Weg, auf dem D. die drückenden Dawes-Verpflichtungen erfüllen kann, ist durch starken Export. Nun ist die Schwierigkeit, daß, selbst wenn man Geld und Kredit hat, Ausfuhr nicht so leicht ist wie vor dem Krieg. Während des Krieges sind viele Länder, besonders Nord- und Südamerika, die bis dahin in großem Umfang importiert hatten, Selbstversorger geworden, und Rußland, ein natürlicher Absatzmarkt für Deutschland, fällt auf Jahre aus. Ich persönlich glaube, daß die Periode europäischen Wohlstands, die wir vor 1914 hatten, wenn überhaupt, dann erst in 20 Jahren zurückkehren wird. Das macht nichts aus – solange wir genug zum Leben haben –, denn großer Wohlstand bringt immer Materialismus mit sich, und ich glaube nicht, daß die Menschen vor 1914 wirklich viel glücklicher waren als nach 1920. (S. 115)

Creisau, 2.4.26:

Wir haben zwei anstrengende Tage gehabt. Seit Donnerstag früh um 7 Uhr sind drei Männer hier, um unseren Besitz zu schätzen. Der Y.T. hofft auf eine Hypothek der *Landschaft*, die eine Art Landwirtschaftsbank ist. Die Sache wird sehr gründlich gemacht, der Boden untersucht, jedes Gebäude usw., und es ist sehr interessant gewesen. (S. 117)

In Berlin war 1926 die »Osthilfe« eingerichtet worden, um in Preußen Kredite für die notleidende Landwirtschaft vergeben zu können. Das Geld wurde verteilt von der sogenannten »Landschaft«, einer Verwaltungseinheit auf regionaler Ebene, zu der eine Bank gehörte. Die »Landschaft« wurde geleitet von einem beamteten Großgrundbesitzer und /oder Juristen.

Zunächst waren in Berlin die für die Arbeit der Bank erforderlichen Mittel als »Osthilfe« zu beantragen, die es dann zu verteilen galt. Dafür war es nötig, die Kreditwürdigkeit wirtschaftlich gefährdeter Güter festzustellen, um zu prüfen, ob sie durch Umschuldung zu retten waren. Viele Güter waren hoch verschuldet, weil die Eigentümer wenig vom Geldmarkt verstanden. Sie hatten kurzfristige Kredite aufgenommen, um der Arbeitserleichterung wegen neue Maschinen zu kaufen, ohne deren Rentabilität beurteilen zu können. Bestand Hoffnung auf wirtschaftliche Erholung, schuldete die »Landschaft« mit den Osthilfegeldern die kurzfristig verschuldeten Betriebe auf langfristige Kredite um.

Creisau, 5.9.26:

Du fragst, ob die Schwierigkeiten des Y.T. etwas geringer werden. Er sagt, ein klein bißchen weniger, aber natürlich dauert es Jahre, bis man seine Getreidewirtschaft in einen *rentablen* Rinderbetrieb verwandeln kann, wenn man überhaupt kein Kapital hat und jeden Pfennig borgen muß. Er hat jetzt über 100 Kühe und melkt 700 bis 1000 Liter täglich. Er kann diesen Herbst *all* seinen Verpflichtungen nachkommen – die schlimmste Zeit, denn sie sind alle nach der Ernte fällig, etwa 4000 Pfund alles in allem –, und dann bleiben nur noch Eure 1000 Pfund zu zahlen. Er muß die anderen zuerst bezahlen, denn seine Gläubiger sind Rinderzüchter, Verkäufer von künstlichen Futtermitteln usw., und er sagt, wenn die bezahlt sind, wird er sich Euren 1000 Pfund zuwenden. Es ist für ihn oft sehr schwer, aber C.S. [Christian

> Science] hilft ihm sehr, und die Hauptsache ist, daß es aufwärts geht. Unsere Kühe sind besser und viel zahlreicher als letztes Jahr. Wir schlossen das Jahr von Juli '25 bis Juli '26 mit einem Soll von 2000 Pfund ab – ohne Euer Geld, das sozusagen privat ist – und das ist wesentlich besser als im Vorjahr. Ich muß sagen, der Y.T. ist wirklich rührend sparsam, besonders wenn man weiß, wie wenig es in seinem Charakter liegt. Er ist jetzt sogar sparsam mit dem Wagen, der voriges Jahr seine eine Extravaganz war. (S. 124f.)

Immer wieder überrascht, wie genau Dorothy informiert ist und wie klug sie die Nachrichten einzuschätzen weiß – schließlich lebt sie auf einem abgelegenen Gut und ist beansprucht durch ihre Kinderschar und einen großen Haushalt. Bewundernswert, wie sie trotz aller Krisen und Enttäuschungen zu ihrem Mann hält, den, wie sie weiß, ihr Vater wenig schätzt. So sind die geliehenen 1000 Pfund für Dorothy vermutlich eine größere Belastung als für Helmuth.

Goldene Jahre für Helmuth James

Creisau, 7.5.24:

> Der Junge war für uns Ostern eine große Freude; in vieler Hinsicht ist er noch ein Kind, aber so zuverlässig, so stetig, und er hat ein goldenes Herz. Er ist ein großer Leser und hat für sein Alter erstaunlich viel gelesen. Sein Verhältnis zu seinem Vater und umgekehrt ist höchst erfreulich. Der Y.T. ist sehr stolz auf ihn, sie sind große Freunde, und der Junge bewundert und versteht seinen

Vater sehr gut. Dabei ist er sehr modern und gehört geistig zur heutigen Jugend mit ihren europäischen Ansichten – sehr interessant zu beobachten. (S. 97)

Creisau, 5.6.24:

Ich muß sagen, ich finde die heutige Jugend ganz wundervoll und bewundere die Art, wie sie Probleme angeht. Die hiesige Jugendbewegung ist ein Grund zum Enthusiasmus, da ist so viel Geistigkeit, so viel Frohsinn und Einfachheit. Der Junge und manch andere sind nicht so davon beeindruckt wie ich, da sie ihnen nicht genügend subtil oder fin-de-siècle ist (wofür mir ein besserer Ausdruck fehlt). Aber da ist der Junge, der hat vollständige Freiheit und Zugang zu allen Vergnügungen und Verlockungen von Berlin, mit 8 Mark Taschengeld im Monat und einer Monatskarte dritter Klasse nach Berlin – und er macht keine Schulden! Ich finde es fabelhaft, denn er ist wirklich ein Mann und kein Kind, ist überall willkommen, da er gut aussieht, Manieren hat und sich doch das versagt, was er sich nicht leisten kann. Süßigkeiten, Zigaretten oder persönliche Ausgaben kommen nicht in Frage, denn die 8 Mark gehen auf Trinkgelder, Straßenbahnen, Briefmarken, Schnürsenkel, Papier etc. Natürlich ist das sehr gut für seinen Charakter. Wir haben ihm ein Abonnement für einen Tennisclub geschenkt, und er hat mit der Hingabe und Gründlichkeit seines Vaters sehr oft 5 Stunden pro Tag gespielt. (S. 98f.)

Creisau, 12.6.24:

Der Junge ist eine reine Freude, ich komme mir etwas vernarrt in ihn vor, denn er *muß* Fehler haben, und doch kann ich – vielleicht abgesehen von etwas zu viel jugendlichem Geltungstrieb – keine entdecken! Er ist seinem Vater gegenüber so verständnisvoll und anerkennend, und die zwei sind richtige Freunde. Ich schnurre vor Behagen! Mit mir ist er auch sehr lieb, und so klug ist er, so lebendig, so zuverlässig, so manierlich, und sieht so gut aus! [...] (Lacht nicht zu sehr, Ihr Lieben!) (S. 100)

Creisau, 26.6.24:

Der Junge kommt am 4. Juli für einen Monat zurück. Seine Schwierigkeit wird sein, daß er so viele Interessen hat, daß er es anstrengend und vielleicht etwas beengend finden wird, sich in der Landwirtschaft in kleinem Rahmen niederzulassen. Aber man braucht sich seine Sorgen nicht in der Zukunft zu suchen, und zuerst wird er einmal eine 3-jährige landwirtschaftliche Ausbildung haben. Wie Ihr wißt, bewundert er Dostojewskis Schriften sehr (natürlich in Übersetzung) und hat eine davon gerade dramatisiert, eine Komödie mit dem Titel »Onkelchens Traum«. Natürlich wird das nicht veröffentlicht werden, aber ich erwähne es nur, um zu zeigen, wie »lebendig« er ist und so gar nicht einseitig. Am liebsten würde er in die Politik gehen oder Nationalökonomie studieren, aber natürlich muß er nach seinen 3 Landwirtschaftsjahren anfangen, Geld zu verdienen. Er hat sehr starkes Interesse an Politik und hat dank seinem englischen Blut viel mehr Eignung dafür als die meisten Teutonen. (S. 100f.)

Creisau, 28.10.24:

Ich hatte heute eine große Enttäuschung; die *Rhodes Trustees* sagen, daß sie die deutschen Stipendien nicht erneuern können, da sie durch Parlamentsgesetz annulliert wurden. Der Junge wird, fürchte ich, schrecklich enttäuscht sein, und es ist wirklich sehr schade, er hätte so viel an einem Jahr in Oxford gewonnen. (S. 107)

Creisau, 16.10.25:

Am 27. fährt Helmuth James nach Berlin ab, und dann beginnt sein Studium im Ernst. Er wohnt bei Ulla, die ihm ihr Gästezimmer umsonst angeboten hat. Sein Mittagessen wird er in einem kleinen Restaurant in der Nähe der Universität einnehmen und sein Frühstück und Abendbrot zu Hause kochen. Nicht halb so nett wie das Leben in Oxford und Cambridge, aber es hat wenigsten den Vorteil, daß es billig ist. Er muß mit 10 Pfund im Monat auskommen [...] Es wird ihm nicht schaden, sehr sparsam sein zu müssen. Zu viel Geld zu haben, ist gefährlicher als zu wenig zu haben. (S. 108f.)

Creisau, 19.12.25:

Helmuth James ist gestern angekommen, sehr vergnügt und ganz mitteilsam. Es wird Euch amüsieren, daß er auf einem großen Fest zur Feier des 5. Jahrestages der bolschewistischen Regierung in der Sowjetbotschaft war – ein Diner für 600 und dann Tanz, eine sehr glanzvolle Veranstaltung, mit Vertretern aller Regierungen! (S. 111)

Creisau, 6.3.26:

Er [der Junge] interessiert sich ernsthaft für Politik und liest viel über die Periode, in der der Sozialismus in Deutschland seinen Anfang nahm (Bebel, Kautsky usw.). Er hat mir mehrere Seiten »Notizen und Kommentare« zu lesen gegeben – die Pflichten und Freuden von Eltern sind wahrhaft mannigfach! (S. 114)

Creisau, 17.3.26:

> Helmuth James, der viele Leute aus der jüngeren Generation im Auswärtigen Amt und in Regierungskreisen kennt, sagt, daß die alten Reaktionäre – die in diesem Land noch florieren – ganz abgeschrieben sind und jetzt ein liberaler und europäischer Geist weht, der sehr zu begrüßen ist. (S. 115)

Creisau, 30.4.26:

> Helmuth James fährt morgen nach Berlin ab. Ich habe diesmal mehr denn je Freude an ihm gehabt, und wir haben sehr viel gemeinsam. Er ist wirklich eine große Freude für mich und ist so lieb. Ich bin sicher, er wird Euch viel besser gefallen, und er ist viel weniger unnahbar als letztes Jahr. (S. 118)

Ein Strauß von Briefzitaten einer glücklichen Mutter über den geliebten ältesten Sohn, *the boy*, über einen kleinen Zeitraum verteilt. Sie freut sich über das gute Verhältnis zum Vater, das nicht immer so war. Sein »goldenes Herz« entzückt sie, sein gutes Aussehen, die Manieren eines Gentleman, seine brave Sparsamkeit lassen sie »vor Behagen schnurren«. Hat *the* boy am Ende auch weniger günstige Eigenschaften? Nun ja, er spielt sich oft in den Vordergrund, ist vielleicht auch etwas blasiert, hin und wieder unnahbar und eitel, wenn es um die Bügelfalten seiner Hosen geht.

Der Vielfalt seiner Lektüren entspricht die Breite seiner politischen Interessen. Als Bewunderer Stresemanns begeistert sich Helmuth James für die Idee einer europäischen Einheit, somit für die Paneuropa-Bewegung des Grafen Coudenhove-Kalergi (1894-1972). Doch liest er auch Schriften von Bebel und Kautsky zur Geschichte der Sozialdemokratie, mit Sicherheit angeregt durch seine Mutter. Mehr noch: in der Berliner Sowjetischen Botschaft besucht er Kurse über die Theorie des Kommunismus.

Bereits als Schüler bewegt sich Helmuth James nah am politischen Geschehen. In Berlin ist er Zeuge von Unruhen zwischen Kommunisten und reaktionären Gruppierungen, er besucht Sitzungen des Reichstags während der Auseinandersetzungen um den Dawes-Plan und gewinnt in der Bewunderung Stresemanns die Überzeugung, dass Politik weitgehend von starken Persönlichkeiten ausgehen müsse. Mit dieser Einschätzung folgt er seiner Mutter, die sich Großes von ihren Söhnen, speziell von *the boy* erhofft.

Er lernt den amerikanischen Journalisten Edgar Ansel Mowrer und seine englische Frau Lilian kennen, bald darauf auch Dorothy Thompson, die amerikanische Korrespondentin der Zeitungen *Philadelphia Public Ledger* und *The New York Evening Post*. Sie bilden eine Wohngemeinschaft in einem kleinen Haus in der Nähe des Tiergartens, Händelstraße 8. Dort ist Helmuth James stets willkommen. Über diese Freunde erhält er Einblick in die Praxis des Journalismus, sodass er später als Student auch Kurse am neu eröffneten Institut für Zeitungswissenschaft von Emil Dovifat belegen wird. Dorothy Thompson und Mowrer erkennen die hohe Begabung des jungen Moltke; sie werden zu wertvollen Beratern. Mowrer verschafft ihm Informationsaufträge, lässt ihn auch etwas Geld verdienen und führt ihn in die Berliner Gesellschaft ein. Mit den amerikanischen Freunden besucht er ein Jahr später, schon als Student, die denkwürdige Ballnacht in der Sowjetischen Botschaft, von der seine Mutter am 19.12.25 ihren Eltern berichtet.[60]

In den Ferien findet Helmuth James die vertraute, ländliche Welt seiner Kindheit, im Schloss mit den jüngeren Geschwistern und den Verwandten, auf dem Hof mit Pferd und Wagen, mit Reiten, mit den Tieren. Nach wie vor prägt die emotionale Nähe zur Mutter seine Persönlichkeit; Dorothy stellt fest, dass sie »sehr viel gemeinsam« haben. Die Schulzeit endet im April 1925 und geht, was das Leben in Berlin angeht, nahezu nahtlos in das Studium über. Der ursprüngliche Plan, eine landwirtschaftliche Lehre von drei Jahren zu absolvieren, um danach Geld zu verdienen, war von Dorothy wohl kaum ernst gemeint, denn sie hatte auf ein Stipendium der *Rhodes Trustees* für einen einjährigen Aufenthalt in Oxford gehofft, das nicht zustande gekommen war.

Ab Herbst 1925 studiert Helmuth James Jura in Berlin, wohnt bei der Freundin der Moltkes Ulla Oldenbourg, die auch der *Christian Science* angehört, erfreut seine Mutter weiter durch strikte Sparsamkeit und geht neben dem Studium seinen politischen Interessen nach. Dorothys glücklicher Stolz auf ihren Ältesten ist berechtigt. Als hochbegabter Sohn aus einer berühmten Familie, sorgfältig erzogen und mit einer musisch und geistig anregenden Kindheit gesegnet, dazu gut aussehend und gesellschaftlich gewandt, gibt Helmuth James Anlass zu den größten Hoffnungen.

Eugenie Schwarzwald

Creisau, 31.3.26:

Der Junge schrieb gestern, daß Frau Schwarzbach [Dr. Eugenie Schwarzwald], eine sehr wohlhabende Österreicherin, die 78 »Küchen« finanziert hat und betreibt und 34 Erholungsheime in ganz Europa, meistens für bedürftige Künstler aller Arten, ihn für 14 Tage im Sommer in ihr Haus in Wien eingeladen hat und dann auch in eins ihrer »Erholungsheime« in den österreichischen Alpen. Schön, nicht wahr?

Creisau, 17.9.26:

> Helmuth James kam am Montag an, braungebrannt und in sehr guter Stimmung; er hat herrliche Ferien gehabt [in Grundlsee], hat viele interessante Leute getroffen, und wie stets ist er auf seine Füße gefallen. Es wird Euch amüsieren, daß der englische Zweig der International Law Association ihn aufgefordert hat, *ihrem* Zweig beizutreten genauso wie dem deutschen; das ist also seine erste und passende Verbindung nach England! Eine Frau Dr. Schwarzfeld [!], eine Frau von ungefähr 50, Gründerin einer berühmten Mädchenschule in Wien und eine große Philanthropin, hat offenbar großen Gefallen an dem Jungen gefunden (sie hat keine Kinder) und hat ihn in literarische und politische Kreise in Wien eingeführt. So wird er nun einige Zeit dort an der Universität studieren (es wird wie deutsche Universität angerechnet), um all die interessanten Verbindungen, die dort begonnen haben, zu zementieren. […] Ich glaube, der Junge hat eine große Zukunft vor sich, und meine einzige Sorge ist, daß es ihn eingebildet und zu selbstsicher machen könnte. Er ist es nicht wirklich, macht aber sehr leicht den Eindruck, daß er es ist. Ich hoffe jedoch, daß das verschwindet, wenn er älter wird.

Dr. Eugenie Schwarzwald war in der Tat ein Glücksfall für Helmuth James und andere begabte junge Leute seiner Altersgruppe. Eine geniale Jüdin, die im Berlin und Wien der zwanziger Jahren viel von sich reden machte mit ihren pädagogischen und sozialen Aktivitäten. Geboren wurde sie als Eugenie Nußbaum am 4. Juli 1872 in Polupanowka bei Tarnopol, einem Dorf in der Bukowina im Habsburgischen Kronland Galizien. Zur Schule ging sie in Czernowitz und absolvierte dort ein Lehrerinnenseminar. So fortschrittlich Czernowitz auch war – deutsch war seit 1849 als Unterrichtssprache neben Polnisch zugelassen, 1875 war eine deutschsprachige Universität eröffnet worden –, Mädchen waren nach wie vor vom Studium ausgeschlossen. So wechselte Eugenie nach Zürich und erlebte dort ihre Studienzeit im Fach Germanistik als »goldenen Brunnen«. In der demokratischen Schweiz gab es die einzige Universität im deutschsprachigen Raum, die Frauen zum regulären Studium zuließ. Eugenie Nußbaum nahm an zahlreichen Lesekreisen teil, begeisterte sich für Gottfried Keller und promovierte am 30. Juli 1900 mit dem Thema »Metapher und Gleichnis bei Berthold von Regensburg« zum Dr. phil.

Im Dezember des gleichen Jahres heiratete sie den 1871 geborenen Hermann Schwarzwald aus Czernowitz. Auch er war Jude, als hochbegabter Student hatte er in Czernowitz in Jura promoviert und war als Gerichtspraktikant in den Staatsdienst übernommen worden. Schwarzwald bildete einen Gegenpol zu Eugenie: Während sie, in der Jugend ausgesprochen hübsch, impulsiv, lautstark und ohne Hemmungen ihren Gefühlen folgte, war Hermann leise, abwartend, auch unsicher, was an einem verkrüppelten Fuß liegen mochte.

In seiner Autobiographie macht Elias Canetti kein Hehl aus seiner Abneigung gegen Eugenie: Sie habe alles gehabt, was er an Frauen am meisten hasste: »Überaus redselig«, ganz »Bauch« und »Herz«, ständig nervt sie ihre Besucher und zwingt sie zu ungewollten Vertraulichkeiten, »da alles bei ihr ineinander- und durcheinanderfloss«. Viel besser gefiel Canetti »der schweigsame Dr. Schwarzwald, ein kleiner, etwas verkrüppelter Mann, der sich an seinem Stock fortbewegte und dann grimmig in eine Ecke setzte, von wo aus er das endlose Gerede der Besucher und das endlosere der Frau Doktor über sich ergehen ließ.«[61]

In Wien schuf Hermann Schwarzwald dem Ehepaar eine materielle Basis als Assistent des Direktors im k.k. Handelsministerium, doch das Geld war knapp. Eugenie ließ sich dadurch nicht beirren: im noch leeren Wohnzimmer veranstaltete sie Kurse in deutscher Literatur für Frauen – dreißig Wiener Damen saßen auf geliehenen Stühlen um den Tisch, der in Raten abbezahlt wurde. Im Jahr 1910 gründete sie einen elitären *Frauenclub,* eine Art Salon, doch gleichzeitig unterrichtete sie im *Volksheim,* einer Art Volkshochschule. Eigenem Bekunden nach lernte sie das Unterrichten von den Arbeitern dort. Eugenie trat in den renommierten *Verein für erweiterte Frauenbildung* ein mit dem Ziel, ein Mädchengymnasium zu erwerben und zu leiten. Unter Emanzipation der Frau verstand sie weniger den Kampf um politische Rechte als vielmehr die Pflicht, sich zu informieren und intellektuell mündig zu werden. Die Voraussetzung dafür ist Bildung. Unverdrossen und von ihrer Sendung überzeugt, verfolgte sie das Ziel, Mädchen einen Zugang zum Studium zu ermöglichen. Tatsächlich gelang es ihr nach jahrelangen aufreibenden Kämpfen mit den Behörden, zu ihrem 40. Geburtstag im Juli 1912 ein klassisches Mädchengymnasium mit dem Abschluss der Matura zu realisieren. Das Gymnasium war Teil eines Schulzentrums, das die erste Volksschule mit Gemeinschaftserziehung enthielt. Lehrer ihres Gymnasiums gehörten zur geistigen Elite ihrer Zeit: so gewann Eugenie Oskar Kokoschka für den Zeichenunterricht, Arnold Schönberg für Musik, Hans Kelsen für Volkswirtschaftslehre und Otto Rommel für Literatur, um nur einige Namen zu nennen.

Der Architekt Adolf Loos gestaltete ihre Wiener Wohnung, die sich bald zu einem Salon entwickelte. Neben den oben Genannten verkehrten dort unter anderen Berühmtheiten auch Elias Canetti, Robert Musil, Egon Friedell, Alice Herdan-Zuckmayer, Karin Michaelis und Alma Mahler-Werfel. Mit Charme, Schwung und unverwüstlichem Selbstvertrauen gelang es dieser erstaunlichen Frau, Vertreter aus unterschiedlichen gesellschaftlichen, philosophischen und politischen Welten in ihrem Haus miteinander ins Gespräch zu bringen.

Eugenie Schwarzwald, im Urteil der Öffentlichkeit »sehr intelligent, aber überschwänglich und affektiert«, mit einer zu hohen Meinung von sich selbst, »eigenwillig und eigensinnig«, war begabt mit einem untrüglichen Instinkt für gesellschaftliche und politische Trends. Für ein sicheres politisches Urteil, aber auch für ihre Großherzigkeit und Improvisationsfreude spricht ihre Reaktion auf den Ausbruch des Krieges:

Appell, gesprochen am 24.8.1914.

> Verehrte Männer und Frauen,
> Ein ungeheures Unglück ist über uns hereingebrochen. Niemand von uns weiß, wie dieser Krieg entstanden ist, keiner weiß, wann und wie er enden wird. Verwirrt und betäubt stehen wir vor dem tragischen Schicksal, dem wir nicht gewachsen sind.
>
> Jetzt heißt es handeln, obgleich das der Wiener Art entgegen ist.

Die wichtigste Frage ist die der Ernährung, da wir doch sicher einer Hungerkatastrophe entgegengehen.

Der private Haushalt muss aufhören. Wenn wir schon Krieg führen, dann müssen wir auch das Opfer bringen, nach spartanischem Muster gemeinschaftliche Mahlzeiten einzunehmen.

Wir wollen Gemeinschaftsküchen gründen. An jeder Straßenecke eine. Es gibt Restaurants genug, deren Besitzer eingerückt sind.

Diese Räume werden wir hübsch aber bescheiden einrichten, große Vorräte an Lebensmitteln und Heizmaterial anlegen, Mädchen und Frauen zum Dienst in solchen Anstalten anlernen.

Dann wird es bald alkoholfreie, trinkgeldlose Speisehäuser geben, in denen man behaglich sein billiges Mahl wird einnehmen können. Es wird wahrscheinlich eine Krone kosten.

Was uns jetzt einzig retten kann, ist die Tat, und wenn es auch nur so eine kleine Tat ist, wie die Gründung von Gemeinschaftsküchen. Es gehört eigentlich nicht viel mehr dazu als der Entschluss. Ich bitte Sie herzlich: fassen Sie diesen Entschluss noch heute.[62]

Wie Deutschland befand sich auch Österreich in einem Rausch der Begeisterung – Eugenies Appell sorgte für »Hohngelächter« und wurde von der Presse ignoriert. Als der Krieg wider Erwarten andauerte und die Versorgung knapper wurde, wendete sich das Blatt. Nicht zuletzt durch geschickte Slogans wie »Wiener Kinder aufs Land«, »Obst fürs Volk«, »Haus in der Sonne« oder »Alterstrostwoche«[63] wurden ihre sozialen Aktivitäten zunehmend populär und waren in ihrer Wirkung ausgesprochen erfolgreich. Die damals noch wenig bekannte amerikanische Journalistin Dorothy Thompson, die für den Schüler Helmuth von Moltke in Berlin so wichtig werden sollte, wurde von Schwarzwalds in ihr Haus aufgenommen und mit den nötigen Kontakten versehen; von Österreich aus berichtete sie über die Ereignisse in ganz Mitteleuropa.

Nach dem Krieg weitete Eugenie Schwarzwald ihre Aktivitäten auf Deutschland aus. Die Not der Inflationszeit bewog sie, auch in Berlin Gemeinschaftsküchen einzurichten, doch wurden diese nur zögernd angenommen. Eugenies laute, besitzergreifende Art stieß häufig auf Ablehnung, auch fehlte ihr das aus Wien gewohnte Umfeld von Freunden und Unterstützern. Von entscheidender Bedeutung war ihre Schlossküche allerdings für die Studenten Hans Deichmann und Helmuth James von Moltke, die sie später »ihre Kinder« nannte. Wie seine Mutter Dorothy berichtet, wurde der neunzehnjährige Helmuth 1926 von »Frau Dr.« nach Wien eingeladen, um dort ein Semester lang zu studieren. Sie machte ihn mit dem Professor für Staats- und Verwaltungsrecht Hans Kelsen bekannt, der Helmuths Interesse auf Verfassungs- und internationales Recht lenkte und auf diesem Wege Grundlagen schuf für Helmuths spätere Arbeit gegen den Nationalsozialismus. Zudem förderte Eugenie Schwarzwald die Allgemeinbildung des Studenten, indem sie ihn in ihre Schulen und als Beobachter in ihre Sprechstunden einlud.[64]

Auch nachdem ihre Gemeinschaftsküchen hatten schließen müssen, kam Eugenie regelmäßig zu Besuch nach Berlin – ihre »Kinder« hatten ihr die deutsche Hauptstadt zu einer zweiten Heimat gemacht. Dort besuchte sie auch ihre Freundin Dorothy Thompson mit ihrem zweiten Mann Sinclair Lewis. Zu wichtigen Ein-

Helmuth James als Student in Wien

kommensquellen wurden in späteren Jahren ihre Radiovorträge sowie Artikel für das »Unterhaltungsblatt« der Berliner *Vossischen Zeitung.*[65]

Wie gesagt, Eugenie Schwarzwald hatte eine ungewöhnliche Begabung, aktuelle Stimmungen und Trends zu erkennen und für ihre Arbeit sogleich nutzbar zu machen. Ausgehend von der Jugendbewegung, die sich zu Anfang des 20. Jahrhunderts gegen die Folgen der Industrialisierung, den Lärm und die Enge der Großstädte, gegen den als unerträglich empfundenen Muff der Gründerzeit richtete, waren in der freien Natur, am Meer und in den Bergen, Sammlungsorte der Freideutschen Bewegung entstanden. Spiel und Tanz, Gesang, Malerei und Literatur aus freier Improvisation wirkten befreiend und erhöhten das Lebensgefühl durch die Gemeinschaft mit Gleichgesinnten.

Aus diesem Geist, wenn auch auf ihre Weise, hatte Eugenie schon während des Krieges mehrere Ferienheime eingerichtet, zunächst allerdings aus dem Bedürfnis heraus, ihren Schülerinnen und deren Familien in der Not eine »Sommerfrische« zu schaffen. Ihre bekannteste Einrichtung dieser Art war die Ferienanlage Bad Topolschitz [heute in Slowenien], berühmt für seine Thermalquellen. Bei Sonnenschein und frischer Luft wurde geschwommen und im Wasser getobt, in den Abendstunden wurden den Kindern selbstgeschriebene Märchen vorgelesen, auf der Wiese vor dem Haus fand eine improvisierte Aufführung von Shakespeares *Sommernachtstraum* statt, ein Pianist in Badehose spielte Bach – ein Jugendparadies, wie *Die Neue Freie Presse* schrieb.[66]

Nachdem das Habsburgerreich zerfallen war, übernahm Eugenie 1920 die heruntergekommene Pension *Seeblick* in Archkogl am Grundlsee im steirischen Salzkammergut und baute sie allmählich zu einem »Ferienheim für Geistesarbeiter« aus.

Grundlsee

Die Lage der Pension auf einer Anhöhe bot einen weiten Ausblick auf den See und die Tauplitz. Ein steiler, kurzer Weg führte zum Wasser hinunter, bei gutem Wetter stand Schwimmen, Rudern und Segeln auf dem Programm, die Umgebung lud zum Wandern ein.

Im *Seeblick* galten die gleichen Regeln wie in den Gemeinschaftsküchen: Alkohol war verpönt, Trinkgelder verboten, die Gäste waren angehalten, auf »unmotivierte Kleiderpracht« und »üble Nachrede« zu verzichten.[67] Am Grundlsee begegneten sich berühmte Künstler und Intellektuelle aus ganz Europa wie früher in Wien. Von jedem Gast wurde erwartet, zur allgemeinen Unterhaltung etwas beizutragen: Schriftsteller lasen aus ihren Werken, Schauspieler rezitierten, organisierten Charaden, Kostümfeste und Aufführungen, Musiker spielten und sangen, allerdings nicht Volkslieder in der Tradition des *Wandervogels*, Professoren hielten Vorträge. Nach einigen Jahren konnte die Pension erweitert werden und auch Gruppen unterbringen. Musikerensembles gaben

Jugend im Seeblick
(1930)

Konzerte, Sommerkurse und Schriftstellerkongresse fanden statt, auch Künstler der benachbarten Salzburger Festspiele erholten sich im *Seeblick* und bereicherten das kulturelle Angebot.

Helmuth James hatte »Frau Dr.« nach Creisau eingeladen, und Dorothy fand in ihr eine verwandte Seele. Am 17.3.29 schreibt sie den Eltern:

> Wir haben gerade Frau Dr. Schwarzwald auf den Weg nach Wien gebracht. Sie kam am Mittwoch abend mit einem sehr netten Hamburger Jungen, Rolf Brand, an, der auch in Berlin Kunstgeschichte studiert. Frau Dr. ist eine entzückende Frau. [...] gesund und sehr wohlhabend, klug, enthusiastisch, sehr gesprächig, voller Spaß und Unternehmungslust, [...] gütig und höchst freigebig gegen alle, denen sie begegnet, hilfreich, wo immer sie sieht, daß etwas nötig ist – und wo ist nichts nötig? –, etwas autokratisch und höchst liebenswert. Natürlich Pazifistin. Sie schenkte jedem Kind in Creisau – Schule und Spielschule – eine Tafel Schokolade, und Ihr könnt Euch die Freude der Kinder vorstellen. Sie ist eine wirkliche Persönlichkeit, deren hauptsächlicher Gesichtspunkt zu sein scheint: Liebet und helft euch untereinander! Die Kinder haben ihren Besuch so genossen, denn sie steckt voller amüsanter Geschichten – sie hat viel Sinn für Humor – über all die Leute, die sie getroffen hat, und über ihre verschiedenen Abenteuer. (S. 157)

Trotz aller Berühmtheiten, die sie in Grundlsee beherbergte – ihre »Kinder« waren Eugenies größte Freude. Dazu gehörten Helmuth James und sein Bruder Joachim Wolfgang von Moltke sowie Hans, Carl und Freya Deichmann. Letztere stammten aus einem vornehmen und wohlhabenden Kölner Bankhaus, mit Carl war Helmuth James seit der unglücklichen Schulzeit im Landerziehungsheim Schondorf befreundet. Mit den jungen Freunden bis in die Morgenstunden plaudern zu können – in ihrer Dachstube mit Blick über den See oder auf dem winzigen Balkon davor – machte sie glücklich, denn Eugenie litt ihr Leben lang unter Schlaflosigkeit.

In Grundlsee waren sich Helmuth James und Freya im August 1929 zum ersten Mal begegnet. Er war mit Daisy Baroness von Freyberg, einer bekannten Filmschönheit, eingetroffen, um die er warb. Die achtzehnjährige Abiturientin Freya erschien aus Köln mit ihrer Mutter und den Brüdern. Im Alter erzählt Freya ihrem Biographen von dieser ersten Begegnung:

> Helmuth kam die Verandastufen herauf, ich stand zufällig dort oben. Ich sah ihn, und mein Herz stand still. [...] Er aber war verliebt in diesen Filmstar, ich war verloren. Aber ich konnte nun nicht so tun, als sei nichts, und das ließ er sich dann von beiden Seiten, von Daisy und von mir, gefallen. Ich wollte unbedingt mit den beiden zusammensein. Wo immer ich sie sah, ging ich zu ihnen und stellte mich zu ihnen.[68]

Kein Wunder, dass die Mutter über das Verhalten ihrer Tochter entsetzt war. Zu Freyas Glück wurde Daisy nach Babelsberg in ein Filmstudio gerufen und reiste ab, für sie war der junge Moltke wohl eher ein unbedeutender Flirt. Helmuth James und Freya blieben zurück. Irgendwann wanderten sie zusammen den beschwerlichen Weg zur Alm hinauf, dort oben schwiegen sie. Nach einer Weile durfte nach den Regeln eines Spiels jeder einmal raten, was der andere gerade denkt. Ein vorsichtiger Beginn.[69]

Am 24. Oktober des gleichen Jahres kam es zum Börsenkrach in New York. Damit begann der wirtschaftliche

Frau Dr. Schwarzwald mit Helmuth James und Freya (1930)

Zusammenbruch auch in Deutschland mit Arbeitslosigkeit und dem Anwachsen der NSDAP, im Zusammenhang damit die Zunahme des Antisemitismus. Grundlsee blieb zunächst von Unruhe verschont, doch machte sich Eugenie Sorgen um ihren Mann in Wien. Nach Hitlers »Machtergreifung« am 30. Januar 1933 setzte sie sich für deutsche Flüchtlinge ein, bald auch für Juden. Vom »Anschluss« Österreichs an das deutsche Reich im März 1938 wurde sie bei einem Besuch in Dänemark überrascht, sie kehrte nicht mehr nach Österreich zurück, sondern emigrierte in die Schweiz. Als Rechtsvertreter der Schwarzwalds hatte sich Helmuth James sogleich bemüht, über seine Kontakte in Wien, Kopenhagen und Berlin für den Erhalt des Wohlfahrtswerks, der Pension Grundlsee und der Schulanstalten eine Lösung zu finden. Doch Eugenie Schwarzwalds Schulen wurden geschlossen, der gesamte Besitz »arisiert«. Immerhin gelang es ihm, eine englische Pension für Hermann Schwarzwald zu retten. Dieser konnte im September des gleichen Jahres noch aus Österreich in die Schweiz entkommen; er starb am 17. August in Zürich. Eugenie ihrerseits hatte lange verschwiegen, dass sie unter Brustkrebs litt, sie starb unter großen Qualen am 6. August 1940, auch in Zürich.

Sorgen der Eltern

So glücklich Dorothy über ihren Ältesten ist – ihr Leben in Creisau hat an Glanz verloren. Fröhlichkeit und Feste, Musik und Theater gehören der Vergangenheit an; die für alle ostelbischen Güter bestehenden Probleme der Landwirtschaft und die damit verbundenen drückenden Geldsorgen lasten schwer. Nach wie vor sind die Eltern ihr seelischer Anker, ihre Besuche eine große Freude. Nachdem sie im Herbst 1927 aus Creisau abgereist sind, schreibt sie am 7.9.27:

> Ihr fehlt mir überall. Mir fehlt das gemeinsame Lesen, die Gänge im Garten (verwelkte Blüten abschneidend) – heute habe ich die letzte von Euch arrangierte Vase Wicken ausgeleert, mit *Wehmut,* wie es die Teutonen nennen, ich glaube, es gibt nichts Entsprechendes im Englischen, denn es ist viel zarter als Melancholie. (S. 129)

Bald reist sie den Eltern nach London nach – von Anfang Oktober bis Ende November darf sie in ihrer von Jugend an vertrauten Welt, in ihrer Muttersprache leben. Ihr Vater James Rose Innes erinnert sich:

> The last months of our stay were spent in London, a place which when I am in England, draws me like a magnet; one feels at the centre of things, and in touch with world affairs, to a degree impossible anywhere else. Dorothy came over from Germany to spend some weeks with us. There were many old friends to see, and the days literary flew.[70]

Die Eltern machen sich Sorgen, obgleich Dorothy stets versucht, ihr Leben und das ihrer Familie in einem günstigen Licht darzustellen. Doch sie kann die finanzielle Not nicht übergehen:

> Creisau, 17.3.28
>
> Endlich habe ich unseren Anwalt, Dr. Maack, erwischt und konnte ihn wegen des Heiratsvertrags befragen. Er ist *jetzt* in Kraft, und nichts von meinem Geld, von meinen Möbeln oder sonst irgendwas können die Gläubiger anrühren. Das ist doch ein Trost, nicht wahr? (S. 138)

Ihre resolute Mutter denkt an praktische Konsequenzen, um die Zukunft ihrer Tochter zu schützen:

> Creisau, 6.4.28
>
> Liebste Mutter, in Deinem letzten Brief schriebst Du, daß Du vielleicht Dein Testament ändern und Dein Geld festlegen willst, so daß ich nur die Zinsen bekäme. Du mußt natürlich tun, was dir das Beste erscheint, und ich überlasse Dir das ebenso natürlicherweise. Nur ist meine Erfahrung mit Testamenten, daß die Dinge sich im allgemeinen umso mehr verheddern, je mehr man versucht, sie zu regeln. Ich weiß, was Du befürchtest, aber ich kann Dir versichern, daß ich *niemals* Geld in Creisau investieren würde, und der Y.T. ist und *war immer* derselben Meinung, d. h. »um Gottes Willen kein gutes südafrikanisches Geld in hiesiges Land zu investieren oder in sonst etwas hierzulande«. (Die 1000 Pfund waren nur als 3-monatige Anleihe gedacht, nicht zum Investieren) (S. 140).

Creisau, 20.4.28, an beide Eltern:

> Nun zum Heiratskontrakt. Ich schrieb nicht alle Einzelheiten, weil ich vergaß, daß ich es mit einem Juristen zu tun hatte (!), und mich auf die Tatsachen beschränkte, [...] aber die Wahrheit ist, daß nach deutschem Gesetz – neuerlings revidiert – das Eigentum der Frau *niemals* von ihrem Ehemann oder von Gläubigern angerührt werden kann, nur die Zinsen können von ihnen beschlagnahmt oder von ihm benutzt werden. In diesem Lande ist deshalb ein Ehevertrag nur eine Sicherung der Zinsen. (S. 142)

Auch Helmuth James' Art zu studieren gefällt den Eltern nicht – zu viele Reisen und Ablenkungen, zu wenig Beständigkeit. Wieder soll seine Reise nach Südafrika verschoben werden, und Dorothy versucht, den Eltern die Situation zu verdeutlichen:

Creisau, 15.8.28

Liebste Mutter, wie lieb von Dir vorzuschlagen, daß der Junge zu Euch kommt. Er schreibt seine erste Examensarbeit diesen Herbst, aber es dauert viele Monate, bis er alle schriftlichen Arbeiten und die mündliche Prüfung hinter sich hat. Ich bin überzeugt, daß ihm der totale Wechsel sehr gut tun würde, und natürlich möchte ich liebend gern, daß er meine Heimat sieht. Andererseits hat er so viele Eisen im Feuer, so viele Möglichkeiten, daß ich nicht weiß, ob es seiner Zukunft nicht schaden würde, so lange weg zu sein. [...] Aber das alles liegt im Schoße der Götter, und inzwischen umarme ich Dich, liebe Mutter.

Freitag [17.8.28] Wißt Ihr – dies besonders für Daddy –, obgleich der Junge sehr intelligent ist, sind das auch ein Haufen anderer junger Leute, aber er bekommt seine wundervollen Gelegenheiten teils seiner selbst wegen, aber zum Teil auch wegen seines Namens und der Tatsache, daß so wenige Aristokraten bereit sind, an der Zukunft des republikanischen Deutschland teilzunehmen. Und dann ist er sehr fleißig, und so eröffnen sich all diese Chancen. (S. 151f.)

Die Löwenberger Arbeitsgemeinschaft

Eines der Großprojekte, in denen sich Helmuth James neben seinem Studium engagiert, ist die Linderung der Not im Waldenburger Steinkohlerevier. Wie erwähnt, war in der Genfer Konvention des Völkerbundes vom 15. Mai 1922 das oberschlesische Industriegebiet zwischen Deutschland und Polen aufgeteilt worden. Deutschland verlor wichtige Industrieanlagen, dazu kamen die Nachteile der Zerschlagung eines ursprünglich einheitlich strukturierten wirtschaftlichen Raumes. Die Folge war soziale Verelendung – das Waldenburger Revier war in den zwanziger Jahren eine der ärmsten Regionen Mitteleuropas. Davon erfuhr Helmuth James vom Waldenburger Landrat, machte sich ein Bild von der katastrophalen Lage und nutzte seine vielfältigen Kontakte, um eine Hilfsaktion für die Region in Gang zu setzen. Am 28. September 1927 trafen sich in Creisau die Professoren Gerhart von Schulze-Gaevernitz, Eugen Rosenstock-Huessy und Hans Peters mit den Studenten Helmuth James von Moltke, seinem Vetter und Freund aus Kindertagen Carl Dietrich von Trotha und Horst von Einsiedel.[71] Sie gründeten die *Löwenberger Arbeitsgemeinschaft* mit dem Ziel, ohne Ansehen von Stand oder akademischem Rang Menschen verschiedener Generationen, Konfessionen und sozialer Schicht zur dringenden Lösung der sozialen Probleme zusammenzuführen. An einem Kolloquium im Löwensteiner Boberhaus im Oktober 1927 nahmen Fabrikanten und Gutsbesitzer, Pfarrer und Lehrer, Bergarbeiter, Gewerkschaftssekretäre, Professoren und Verwaltungsbeamte teil. Nach der Bildung von Ausschüssen wurde zu einem *Arbeitslager* von Arbeitern, Bauern und Studenten eingeladen.

Dorothy berichtet am 24.3.28:

Habe ich Euch erzählt, daß jetzt vor der *Freizeit* ein Vierzehntagekursus abgehalten wird, sie nennen ihn ein *Arbeitslager,* an dem etwa 50 junge Leute teilnehmen, alle Klassen, Studenten, junge Männer in freien Berufen, Gewerkschaftler, Arbeiter etc. Am Vormittag machen sie praktische Arbeit, für die sie bezahlt werden (und das wiederum soll ihre Kosten decken), Straßenbau, Gräben schaufeln usw., und dann an den Nachmittagen und Abenden haben sie Gespräche, Vorträge, Theater etc. Professor Rosenstock und ein anderer Professor leiten das Lager, und C. D. und der junge Einsiedel sind sozusagen seine Adjutanten. Der Junge hat wegen seiner juristischen Arbeit nicht teilgenommen. (S. 139)

Und am 30.3.28:

Unser Ausflug nach Löwenberg war ein großer Erfolg. Es war wirklich eine erstaunliche Leistung. Alle Menschenschattierungen waren vertreten, vom Agrarier bis zum Kommunisten, und alle haben ihre Meinungen freimütig geäußert und sozusagen eine freundliche Opposition hergestellt. [...] Alle waren gleich – keine Titel, die die Teutonen so lieben, wie *Herr Professor* oder Bischof, wurden benutzt – alle Meinungen wurden gehört, alle gleich; Ihr hättet Euren Enkel sehen sollen, wie er in der Küche Karotten für das Essen schabte! 180 Leute waren da, alte, junge, mittleren Alters, wir zahlten 3 Mark pro Tag und bekamen dafür 5 Mahlzeiten, einfache Mahlzeiten selbstverständlich, aber gesund und appetitlich. Es hätte Euch beide brennend interessiert. Am Sonntagabend haben sie die Thisbeszene aus dem Sommernachtstraum aufgeführt, ganz entzückend. (S. 140)

Im Löwenberger Arbeitslager zeigte sich, wie Eugenie Schwarzwald den jungen Moltke geprägt hatte – ihre Handschrift war deutlich zu spüren. Unter der Leitung von Rosenstock-Huessy waren auch Peter Yorck Graf von Wartenburg und Adolf Reichwein zu dem Unternehmen gestoßen: damit war der Kreisauer Kreis vorgeformt. Über seine Bekanntschaft mit dem Zentrums-Abgeordneten Heinrich Brüning erreichte Helmuth James eine beachtliche finanzielle Unterstützung für das Unternehmen.[72]

Der Rechtshistoriker und Soziologe Eugen Rosenstock-Huessy (1888-1973) hatte wie Eugenie Schwarzwald ein feines Gespür für politische und gesellschaftliche Entwicklungen. Als Hochschullehrer in Breslau, Herausgeber der ersten Daimler-Werkszeitung, erster Leiter der Akademie für Arbeit in Frankfurt am Main und Mitinitiator der *Löwenberger Arbeitsgemeinschaft* entfaltete er eine für einen Universitätsprofessor ungewöhnliche Breitenwirkung.[73 und 112]

Das Berghaus
(2019)

Das Berghaus

Dorothy hatte das letzte Weihnachtsfest im Schloss sehr intensiv erlebt – ein schmerzlicher Abschied, durch die Not erzwungen. Am zweiten Weihnachtstag 1927, nur wenige Wochen nach dem Besuch der Eltern, schrieb sie aus Creisau:

> Ich glaube, wir werden wahrscheinlich doch ganz in das *Berghaus* umziehen und werden jemanden im Schloß lassen, um es zu lüften, Butter zu machen etc. Ich werde Euch eine Liste unserer Ausgaben hier unten schicken, und Ihr werdet sehen, daß wir sie uns einfach nicht leisten können. Trotz meiner großen Sparsamkeit sind Heizung, Elektrizität, die größere Anzahl Dienstboten *und* die vielen Gäste (trotz allem) das, was das Schloß für uns unmöglich macht. (S. 131)

Das geräumige Berghaus mit seiner großen Veranda liegt auf einer Anhöhe über dem Gutshof; der Weg führt etwa eine Viertelstunde zu Fuß hinauf durch eine Eichenallee. Der Feldmarschall hatte es 1873 erworben. Bisher wurde es von der weiteren Verwandtschaft, den »Berghäuslern«, bewohnt, zum Beispiel von Luise von Moltke und Manon Schönberg, genannt »Schönchen«.

Creisau, 4. 2. 28:

> Wir haben uns im Berghaus mit Ernestine und 2 Mädchen sehr bequem eingerichtet. [...] Ich fürchte, unsere Rückkehr ist für die nächste Zeit ausgeschlossen. Wir könnten unmöglich im Schloß mit drei Hausangestellten so angenehm leben wie hier. Natürlich ist das B.H. klein – vor allem im Vergleich zu unseren großen Räumen zuvor –, aber es ist nicht bedrückend klein, und natürlich ist das ganze Arrangement unendlich billiger.

Und Montag, 6.2.28:

> Diese Art schmerzlicher Reorganisation findet jetzt überall statt, und man ist dankbar, daß es nur dies ist und kein totaler Zusammenbruch.

Eine Woche später, Montag Morgen [13.2.28]:

> Am kommenden Wochenende wird uns wahrscheinlich Dorothy Thompson, eine Freundin des Jungen [...] mit ihrem Verlobten Sinclair Lewis besuchen – unsere ersten Gäste hier oben, und das kleine Gästezimmer muß getüncht werden und mit Möbeln aus dem Schloß ausgestattet werden, und so ist noch viel zu tun. (S. 135)

Vier Monate später, am 8.6.28:

Ihr würdet das Wohnzimmer im Berghaus nicht wiedererkennen, es ist einfach reizend, ich bin ganz begeistert davon. Meine schönen Queen-Anne-Möbel kommen zur Geltung, und außerdem geben Julius Caesar und die Lenbach-Skizze des Feldmarschalls dem Zimmer eine wunderbare Atmosphäre. Natürlich ist die Tapete zu dunkel – braunes gobelinartiges Muster –, aber sie paßt ganz gut und stört nicht. Mein Schlafzimmer ist auch sehr attraktiv. Das Eßzimmer ist wie früher, Schönchen hat mir ihre guten Möbel geliehen, da ich die goldnen-und-weißen vom Schloß nicht hierher heraufbringen konnte. Nur die Bilder und Photos, Dutzende davon, sind weg und die Wände graublau getüncht. Das Gartenzimmer ist mehr in ein Wohnzimmer verwandelt worden, mit einer Couch mit Kissen und Sesseln. Es war eine scheußliche Arbeit, und ich bin dankbar, daß sie fertig ist und alles wieder sauber und neu. [...]

Man fragt sich, was aus dem Schloß, den Lenbachs, den imposanten Vasen und anderen Zeichen vergangener Größe werden wird und ob wir oder unsere Kinder je wieder dort wohnen werden. Ich glaube kaum, aber es stimmt einen ein bißchen traurig, denn ich bin da sehr glücklich gewesen und hänge sehr an dem alten Haus mit seinen großen Räumen und der würdevollen Treppe. Aber das Berghaus paßt viel besser zu unserem Einkommen, und das bedeutet Frieden und weniger Sorgen. Etwas genieße ich hier oben ungeheuer: Wir sind hier so viel mehr auf dem Lande. Die Vögel sind eine Lust, und wir haben die köstlichsten Ausblicke von jedem Fenster. (S. 147)

Nachdem Helmuth James am 11. März 1928 die Volljährigkeit erreicht hatte, konnte er endlich seinen Vater bei der Erhaltung Creisaus als Familiensitz unterstützen. Inmitten des Trubels um die Einrichtung des Berghauses hatte Dorothy am 30. März an die Eltern geschrieben:

> Gestern sind die beiden Helmuths, auf die Kosten schimpfend, nach Berlin gefahren, denn heute fand der *Familienschluß* statt, und da mußten sie beide dabei sein. Vor etwa einer Stunde rief der Y.T. an und sagte, daß es nur eine Gegenstimme gab, und so ist Creisau kein Fideikommiß mehr. Es ist ein ganz merkwürdiges Gefühl, daß etwas, das eine so lange Tradition hat, plötzlich annulliert werden kann. Vor der Revolution wäre es natürlich unmöglich gewesen. (S. 139f.)

Durch die Aufhebung des Fideikommisses, eines durch eine Stiftung geschaffenen unveräußerlichen und unteilbaren, einer besonderen Erbfolge unterliegenden Vermögens, das üblicherweise nicht belastet werden darf, gewannen Helmuth James und sein Vater mehr Spielraum für die Verhandlungen mit den Gläubigern.

Letzterer hatte sich in den zurückliegenden Wochen überfordert gezeigt, sodass die Unterstützung durch seinen ältesten Sohn notwendig geworden war:

> Creisau, 9.2.28
>
> Der Y.T. hat eine sehr hektische Zeit in Geldsachen und ist von all dem sehr erschöpft. Es ist alles äußerst kompliziert, mit einem *Kammergericht,* einem Kuratorium und einem Vormund für den Jungen [...] und inzwischen müssen *Zwischenkredite* beschafft werden. Wie ermüdend das alles ist. Der Junge ist drei Tage für

> seinen Vater in Berlin gewesen, der einfach zu erschöpft war, die Reise zu unternehmen. Das trägt nicht zu strengem Studium bei, aber der Y.T. war wirklich nicht imstande zu gehen. (S. 135)

Nachdem Helmuth James im März 1929 sein erstes juristisches Staatsexamen, das Referendarsexamen, bestanden hatte, war er frei – viele Türen standen ihm offen. Er hätte nach Amerika gehen können, um als Volontär bei den *New York Evening News* anzufangen, gern hätte er seine Mutter auf ihrer Reise nach Südafrika zu den Großeltern begleitet, die für die zweite Jahreshälfte 1929 geplant war. Doch entschied er sich, in Anbetracht der unsicheren wirtschaftlichen Lage in Deutschland zu bleiben und trat in die statistische Abteilung der renommierten Berliner Handelsgesellschaft ein. Kaum hatte er mit seiner neuen Tätigkeit begonnen, wurde er nach Creisau gerufen. Der Gutsinspektor Mau war plötzlich gestorben und hatte die Wirtschaft in heilloser Unordnung und hoch verschuldet hinterlassen, ohne dass Vater Helmuth zuvor davon erfahren hätte. Wenig überraschend übertrug dieser am 14. Oktober 1929 seinem ältesten Sohn die Vollmacht für die Verwaltung von Creisau und zog sich für neue Aufgaben in der *Christian Science* nach Berlin zurück. Das war ein harter Schlag für Helmuth James, der seine Karrierepläne begraben sah, doch liebte er Creisau, und der Erhalt des Gutes ging ihm über alles. Ohne zu zögern übernahm er die Verantwortung, obwohl er weder über ein abgeschlossenes Jurastudium noch über eine Landwirtschaftslehre verfügte. Nach zähen Verhandlungen mit den Gläubigern wurde schließlich auf seine Anregung hin eine *Betriebsgesellschaft* gegründet. Anfang des Jahres 1930 bildeten sieben Gläubiger zusammen mit den Moltkes eine GmbH. Mit dem neuen Verwalter Zeumer leitete Helmuth James das Gut im Auftrag der Gesellschaft – zu hoffen war auf gute Ernten und eine günstige Preisentwicklung, damit die Familie im Laufe der Jahre Aktien der anderen Gesellschafter erwerben und damit allmählich das Gut zurückkaufen konnte. Äußerste Sparsamkeit war angezeigt; mit dem Umzug in das Berghaus hatte Dorothy die richtige Entscheidung getroffen, die von der ganzen Familie begrüßt wurde.[74]

Dorothy schreibt den Eltern am 13.1.30:

> [...] Unsere Position ist folgende: Wenn die Gläubiger endgültig diesen Plan annehmen, werden wir weiter unser Deputat vom Betrieb bekommen, d.h. Nahrungsmittel, die der Betrieb produziert, aber das ist auch alles. Der Y.T. bekommt 200 Pfund im Jahr von der Stiftung[75], und das wird immer auf mein Konto für Haushaltsausgaben eingezahlt, aber das ist, zusammen mit meinen Wechseln, alles, was wir haben. Nicht viel, wirst Du sagen, lieber Flen. Das ist es auch nicht, aber ich habe schon seit einigen Jahren nicht mehr gehabt; der einzige Unterschied ist, daß das Gut früher Extrakosten wie Zahnarztrechnungen, Instandhaltung des Berghauses, Autoreparaturen und Versicherungen usw. gedeckt hat und wir diese in Zukunft selbst bestreiten müssen. (S. 165)

In seinem Brief an Caspar und Konrad aus dem Gestapo-Gefängnis im Februar 1944 bestätigt Helmuth James, dass Dorothy in der angespannten finanziellen Lage erleichtert war, in das Berghaus umziehen zu können. Auch ihm war es recht. In Berlin bei Mowrer und Dorothy Thompson hatte er das Leben in einem kleinen Haus erlebt, ähnlich in Wien und am Grundlsee bei Eugenie Schwarzwald. Freundschaften mit Bohémiens und Intellektuellen hatten ihn geprägt, und als Sohn seiner liberal denkenden Mutter war er ohnehin nicht zum aristokratischen Schlossherrn geschaffen.

Der Brief an seine kleinen Söhne ist ein bewegendes Zeugnis seiner inneren Verbundenheit und Dankbarkeit ihr gegenüber:

> Ich habe zweimal mit Mami zusammen gelebt, einmal als Kind, bis ich Ostern 1922 nach Schondorf kam, und einmal 1928 bis 1931, bis Freya und ich heirateten. [...] Während der zweiten Zeit war Papi überhaupt nicht da, sondern wohnte in Berlin und kam nur sehr selten, fast wie ein Gast, nach Kreisau. [...] Während der zweiten Periode, 1928-1931, da wußte ich natürlich ganz genau, was ich an meiner Mutter hatte. Wir waren damals sehr arm, hatten gar kein Geld. Mami bekam von ihren Eltern einen Betrag von RM 4000.– im Jahr. Das war ursprünglich als Taschengeld gedacht. Außerdem zahlte die Stiftung noch RM 4000.– jährlich, einen Betrag, den ich für Mami durchgesetzt hatte. So hatten wir RM 8000.– und davon lebte die ganze Familie mit Ausnahme von Papi, der unabhängig in Berlin verdiente. Das war rasend wenig Geld, denn Jowo studierte damals, erst in Berlin und dann in München und bekam 2400,– von den 8000.–, Willo hatte gerade seine Schule beendet und machte ein praktisches Jahr in Schweidnitz als Maurer vor seinem Studium. Carl Bernd war nicht gut in der Schule in Reichenbach und mußte immer Nachhilfestunden haben. Wir nahmen im Sommer Paying Guests auf, um etwas mehr Geld zu haben, aber

es war eben immer wieder sehr, sehr knapp. Diese Sorge um die täglichen Bedürfnisse, diese Mühen um Lappalien, das alles hat Mami gar nichts angehabt. Sie war nicht weniger liebevoll, warm und besorgt, wenn es eben mal wieder besonders schwierig war. Mami wohnte damals in Freyas Zimmer und ich nebenan in meinem jetzigen Zimmer, und wir haben häufig Diskussionen über Geldangelegenheiten haben müssen, wo ich ihr sagen mußte, sie müßte noch etwas sparen, oder irgendetwas, was sie gerne gehabt hätte, ginge nicht. Wir haben auch im Jahre 1930, wo ich eine große Rückzahlung an unsere Gläubiger versprochen hatte, Möbel und Silber verkauft, auch Sachen, an denen Mami sehr hing. Das alles spielte gar keine Rolle. Wir hätten noch viel, viel ärmer sein können, und es hätte dank Mami an der friedlichen, zufriedenen, glücklichen Atmosphäre des Hauses nichts geändert. Diese Gewißheit, daß Mami bereit war, alle Opfer zu bringen, die notwendig waren, um Kreisau aus seinen Schulden wieder herauszuretten, die ist eine der Grundlagen gewesen, die es überhaupt ermöglicht haben, aus diesem Chaos herauszukommen.[76]

Wie erwähnt, war Dorothy von Ende Juli bis kurz vor Weihnachten 1929 zu den Eltern nach Südafrika gereist, in eine heitere, friedliche Welt. Es lässt sich denken, wie groß der Schock war, als sie nach ihrer Rückkehr von der finanziellen Katastrophe und deren Folgen für Helmuth James erfuhr.

An die Eltern schrieb sie am 23. 12. aus Creisau:

Der arme Junge sieht sehr dünn und überanstrengt aus, ist aber heiter – so froh, mich wieder da zu haben, sagt

> er, – und er arbeitet fast ohne Unterbrechung außer den Mahlzeiten. Bis jetzt habe ich wenig vom Y.T. gesehen, da er erst heute abend aus Berlin ankommt, aber man konnte sehen, wie es ihn alles quält, den Armen. [...] Es ist ein fürchterlicher Kontrast mit meinem sorglosen Leben bei euch, aber es läßt sich nicht ändern, und es ist gut möglich, daß ich nächste Woche Besseres berichten kann. (S. 162)

Es gibt auch Lichtblicke, und nach ihrer liebevollen Art lässt Dorothy die Eltern daran teilnehmen. Aus Berlin-Friedenau, dem kleinen Domizil ihres Mannes, von dem aus er für die *Christian Science* arbeitet, schreibt sie am Sonntag, dem 5.10.30:

> Heute sind der Y.T. und ich nach der Kirche zu einer Probe des Philharmonischen Orchesters unter Furtwängler gegangen. Es war sehr schön, und wie immer, wenn ich etwas künstlerisch Schönes sehe oder höre, wünschte ich immer, Mutter wäre auch da. Daddy, andererseits, möchte ich immer »interessante Sachen« zeigen. Gestern war ich ganz enorm begeistert von den Museumsräumen, die gerade eröffnet worden sind, Bodes Arbeit, vor dem Krieg begonnen. Es raubt einem einfach den Atem. Ganz Pergamon ist rekonstruiert worden – in einem riesigen Raum, – und man geht buchstäblich die Stufen hinauf ins Atrium, die fehlenden Teile sind äußerst geschickt rekonstruiert worden, und die Wirkung ist einfach wundervoll, es verschlägt einem den Atem.[77] (S. 168)

Eine große Freude für Dorothy sind Besuche der Deichmann-Kinder:

Creisau, 25.10.30

Freya und Hans sind gestern angekommen. Ob Mutters Ohren wohl geklungen haben? Denn wir, besonders Hans, der von Begebenheiten in Wien erzählte, haben viel von ihr gesprochen. Sie sind wirklich reizende junge Leute, und meine junge Familie freut sich sehr darüber, sie hier zu haben. (S. 170)

Creisau, 31.10.30

Ich bekam einen ganz reizenden Brief von Hans Deichmann. [...] Er ist wirklich ein Schatz, und ich habe ihn ganz als Sohn adoptiert, oder Freund, was für mich synonym ist. (S. 170)

Berlin, 10.11.30

Freya hat uns am Freitag verlassen. Sie ging, glaube ich, sehr ungern. Sie studiert diesen Winter Geschichte, Stenographie in Köln, ersteres an der dortigen Universität. Sie ist ein liebes Kind und paßt, glaube ich, gut zu uns. Was Helmuths Gefühle ihr gegenüber sind, kann ich nicht sagen. Jedenfalls sind sie sehr gute Freunde.

Die Preise für Agrarprodukte sind selten so niedrig gewesen. Die Regierung macht herkulische Anstrengungen, die Lebenshaltungskosten zu senken, das ist fast die Bedingung für ihr weiteres Verbleiben im Amt, denn alle Gehälter von Hindenburg bis zu dem kleinsten Beamten sollen vom 1. Januar an reduziert werden –, und die meisten sind auch ohne diese Kürzung schon ganz unzulänglich. Ich finde, Brüning hält sich hervorragend. Wenig Reden, viel Arbeit, aber ob er angesichts der fürchterlichen Arbeitslosigkeit und allgemeinen Depression Erfolg haben wird, ist eine andere Frage, zumal die ganze Rechte – seine natürlichen An-

> hänger – ihn im Stich gelassen hat, und er kann nur mit Hilfe der Sozialdemokraten, die außer einem Gefühl für Verantwortung nichts mit ihm gemein haben, über eine Mehrheit verfügen. Die ganze Rechte hat sich als unfähig zu regieren erwiesen, so scheint mir, indem sie die jetzige Regierung nicht unterstützt.
>
> Lebt wohl, ihr Lieben. Wieviel besser *wir* die Dinge lenken würden! (S. 171)

Diese Beurteilung der Lage ist wieder ein Beispiel dafür, wie gut Dorothy informiert ist. Die Bewunderung Brünings entspricht ihrer persönlichen Einstellung; ihre Empörung über die rechten Parteien ist Ausdruck ihrer Sorge um die Demokratie. Allerdings wird sich zeigen, dass ihre Bereitschaft zu äußerster Bescheidenheit und Verzicht von der Mehrheit der Deutschen nicht geteilt wird.

Heinrich Brüning

Im Jahr 1930 war die Gefährdung der Weimarer Republik nicht mehr zu übersehen. Von Beginn an war die junge Demokratie über die harten Bedingungen des Versailler Vertrages hinaus durch wirtschaftliche Krisen belastet. Die Inflation von 1923 hatte den Mittelstand um seine Ersparnisse gebracht, die Weltwirtschaftskrise (1929) traf Deutschland wegen der hohen Reparationsverpflichtungen besonders schwer mit einer steigenden Arbeitslosenquote von 8,5% (1929) bis 29,9% (1932). Eine erste Krise der Verfassung zeichnete sich ab, als im März 1930 die letzte parlamentarische Regierung unter dem Sozialdemokraten Müller gestürzt wurde. Den Koalitionsparteien war es unter dem Druck der Wirtschaftskrise nicht gelungen, sich auf eine gemeinsame Sozialpolitik zu einigen.

Der Zentrumspolitiker Heinrich Brüning (1885-1970) versuchte zu vermitteln, verhandelte allerdings auch mit Vertretern der Rechten. Als Partei der Mitte, der Name sagt es, hatte sich das Zentrum bisher als krisenfest erwiesen. Die aus der katholischen Soziallehre hervorgegangene Partei konnte sich zunächst auf ihre Stammwähler verlassen. Von 1919 an war das Zentrum an den Regierungen des Reiches und Preußens beteiligt; die Partei stellte vier der zehn Reichskanzler. Bei allen parlamentarischen Bemühungen um die Bildung einer Koalition zeigte sich das Zentrum anpassungsfähig und bereit zum Kompromiss. Der Katholik Brüning stand fest in der christlich-demokratischen Tradition seiner Partei; doch als Finanzexperte sah er sich zu einer autoritären Lösung der anstehenden wirtschaftlichen Probleme gezwungen.

In der Weimarer Verfassung (WV) gab es neben den klassischen Institutionen einer parlamentarischen Demokratie – dem Reichstag und der Reichsregierung, die diesem verantwortlich ist – das mit großer Machtfülle ausgestattete Amt des Reichspräsidenten. Er wurde vom Volk für 7 Jahre gewählt, konnte den Reichskanzler ernennen und entlassen, den Reichstag auflösen und durch Notverordnungen für öffentliche Sicherheit und Ordnung sorgen. Der erste Reichspräsident Friedrich Ebert, ein Sozialdemokrat, nutzte diese Vollmachten zur Festigung der Republik in den turbulenten Anfangsjahren. Nicht so Paul von Hindenburg (1847-1934), der »Held« des I. Weltkriegs, ein Vertreter der antidemokratischen Rechten. Seine Wahl zum Reichspräsidenten im Jahr 1925 war eine Absage an die Demokratie; sie zeigte die Sehnsucht der Deutschen nach einem »Ersatzkaiser«. Zunächst hielt sich Hindenburg an die Verfassung, doch war er in zunehmendem Maße dem Einfluss antidemokratischer Kreise ausgesetzt.

Brüning verband mit Hindenburg ein Vertrauensverhältnis, das auf die gemeinsamen Erfahrungen aus dem Krieg zurückging. Als der Reichspräsident ihn nach dem Rücktritt des Kabinetts Müller mit der Bildung einer neuen Regierung beauftragte, stimmte Brüning nach anfänglichem Zögern zu unter der Bedingung, dass er ein nicht an die Parteien gebundenes Kabinett mit den Vollmachten des Artikels 48 WV bilden dürfe.

In diesem sogenannten »Notverordnungsrecht« ging es nicht nur um die Sicherung der öffentlichen Sicherheit und Ordnung, sondern auch um die Möglichkeit, Grundrechte außer Kraft zu setzen. Notverordnungen konnten allerdings vom Reichstag abgelehnt werden.

Brüning bildete am 31. März 1930 eine Minderheitsregierung mit Politikern der bürgerlichen Mitte und der Rechten. Obwohl dieses Kabinett nur an das Vertrauen des Reichspräsidenten und nicht mehr des Reichstags gebunden war, bemühte sich Brüning bei seinen Entscheidungen gewissenhaft um die Zustimmung der demokratischen Parteien, die ihm bis zuletzt gewährt wurde.

Aus dem Krieg hatte Brüning die Überzeugung mitgebracht, dass große Aufgaben nur durch Opfer und Selbstlosigkeit zu bewältigen sind. So kämpfte er sachlich, streng, mit unbeirrbarer Konsequenz und Gründlichkeit für die Sanierung des Staatshaushalts, die Streichung der Reparationen und die militärische Gleichberechtigung Deutschlands. Außenpolitische Erfolge sollten Arbeitslosigkeit, Elend und Radikalisierung im Innern überwinden helfen.

Um den Staatshaushalt auszugleichen, ging Brüning den Weg der Deflation, d.h. einer radikalen Kürzung der Staatsausgaben bei gleichzeitiger Erhöhung der Steuern;

Löhne und Gehälter wurden gesenkt. Nachdem der Reichstag dieses Programm abgelehnt hatte, erließ Brüning nach Artikel 48 WV zwei Notverordnungen, die wiederum vom Reichstag abgelehnt wurden. Darauf ließ er sich vom Reichspräsidenten von Hindenburg bevollmächtigen, den Reichstag nach Artikel 25 WV aufzulösen; zwei Monate später sollten Neuwahlen stattfinden. In der Zwischenzeit regierte Brüning durch Notverordnungen, die jedoch von den Fraktionsvorsitzenden der demokratischen Parteien nachträglich gebilligt wurden.

Die Wahlen vom 14. September 1930 brachten nicht die erhoffte Stärkung der Mitte, sondern ein Anwachsen der radikalen Flügelparteien: die Nationalsozialisten gewannen 107 Mandate (1928: 12), die Kommunisten 77. Der Reichstag war nun endgültig beschlussunfähig; Brüning sah sich gezwungen, seine Wirtschaftspolitik in einem System von Notverordnungen fortzuführen. Damit hatte sich unter seiner Regierung ein Verfassungswandel von einer parlamentarischen Republik zu einem »Präsidialsystem« vollzogen, denn es entsprach nicht der Verfassung, das Notverordnungsrecht mit der Vollmacht zur Auflösung des Parlaments zu verbinden. Ohne Kontrolle durch das Parlament konnte es nicht ausbleiben, dass sich der Artikel 48 WV zum »Diktaturparagraphen« entwickelte. Zum Schutz der Republik geschaffen, wurde er in den Händen von Brünings Nachfolgern ein Instrument zur Zerstörung der Demokratie. Die vorzeitige Auflösung des Reichstags beschleunigte ihren Niedergang, wie die Wahlergebnisse gezeigt hatten.

Kreisau, 20.11.30

Am 4. [12.] tritt der Reichstag zusammen, und es ist noch ganz unbestimmt, was das Schicksal der Regierung sein wird. Ich persönlich erwarte, daß Brüning seine Gesetze durchbringen wird, aber wenn er das nicht kann, wird er wahrscheinlich seine diktatorischen Rechte benutzen, da es keine Opposition gibt, die bereit ist, die Regierung zu übernehmen, und man nicht alle drei Monate Wahlen abhalten kann. Persönlich bin ich der Ansicht, daß Brüning Hervorragendes leistet, aber natürlich sind die Nazis und Kommunisten, die sich in wilden Reden ergehen, in schweren Zeiten populärer als der Mann, der die Gehälter kürzt. (S. 172)

Sonntag, 7.12.30

Ich war sehr erleichtert, in der heutigen Zeitung zu lesen, daß Brünings *Notverordnung* den Reichstag mit einer Mehrheit von 40 Stimmen passiert hat. Ein großartiger Erfolg für das Kabinett, aber es ist ein Akt, dessen sich der Reichstag seinerseits von Herzen schämen sollte. Denn das ist, worauf es hinauskommt: Der Reichstag hat nicht den Mut – wegen Unpopularität und Parteierwägungen – für die neuen Finanzgesetze, die Sanierung, zu stimmen, ist aber gewillt, um Chaos zu vermeiden, und vorausgesetzt, daß die Regierung die ganze Verantwortung übernimmt, dem Kabinett für das, was es getan hat, ein Vertrauensvotum zu geben.

Es bedeutet jedoch, daß Brüning, fast wie ein Diktator, mit Zustimmung des Parlaments jetzt seine Reformen durchführen kann. Es war seinerseits ein Akt großer Courage, denn es gibt für solches Vorgehen keinen Präzedenzfall. (S. 174)

Kreisau, 3.1.31

Hier ist alles ziemlich ruhig, so ruhig, wie es bei dreieinhalb Millionen Arbeitslosen sein kann, und die Na-

> zis machen die extravagantesten und wildesten Versprechungen. Es wird alles nur Mögliche getan, um den Arbeitslosen zu helfen, neue Fortbildungsschulen, Handelsschulen etc.; neue Straßen, Damm- und Kanalbauten etc. haben Arbeitsplätze geschaffen. Brüning ist ein ganz großartiger Mann, ein Asket, von dem Gedanken beseelt, daß es seine Mission im Leben ist – und eine schwere –, Deutschland durch diese Krisen- und Depressionsjahre zu bringen. (S. 175f.)

Dorothy bewundert Brüning für seine selbstlose Askese, der Haltung ihres Sohnes Helmuth James nicht unähnlich. Allerdings benennt sie selbst die Ursachen für Brünings Scheitern:

> Zweifellos ist ein bescheidenes Maß an Wohlstand nötig, wenn wir stabile Bedingungen haben wollen, politisch und sozial, und selbst die Tugend, abgesehen von außergewöhnlichen Fällen, gedeiht nicht, wenn die Leute hungern. (S. 176)

Die Nationalsozialisten wussten das. Sie sorgten für eine positive Aufbruchsstimmung, indem sie neue Arbeitsplätze schufen und für eine »Volksgemeinschaft« warben.

Unverhofft erhielt Helmuth James die Gelegenheit, sich ein genaues Bild von den wirtschaftspolitischen Vorstellungen der Nationalsozialisten zu machen.

> Kreisau, Montag früh, 9.2.31:
>
> Der Junge hatte neulich ein aufregendes Erlebnis in Berlin. Dorothy Thompson, die für eine amerikanische Zeitung mehrere Artikel über Deutschland schreibt – nebenbei bemerkt bekommt sie 4000 Dollar pro Arti-

kel! –, hat den Jungen gebeten, mit drei Nazibonzen über wirtschaftliche Fragen zu diskutieren: Strasser[79], der zum sozialistischen Flügel gehört, Feder[80], der Intellektuelle, und ein anderer, dessen Namen ich vergessen habe. Sie haben etwa eine Stunde geredet, aber der Junge konnte sie einfach nicht verstehen. Es sei, als ob man Astronomie mit jemandem bespricht, der meint, daß nicht die Sonne das Zentrum unseres Systems ist, sondern, sagen wir, der Saturn. Er fand sie weder närrisch noch wild, sie gehen einfach von Hypothesen aus, die er nicht begreifen konnte. (S. 178f.)

Not und Einschränkungen aller Art auch bei den Moltkes in Kreisau. Wertvolle Lenbachbilder müssen verkauft werden, ebenso Dorothys Diadem, was ihr wenig ausmacht. Umso erfreulicher, dass Hindenburg angeboten hat, alle »Memorabilien« des Feldmarschalls von Moltke zum Preis von 11000 Mark für das Reich zu kaufen; Helmuth James hatte das Verdienst der Vermittlung. Die Eltern in Südafrika helfen mit großzügigen Schecks, trotzdem fehlt das Geld für die Ausbildung der Kinder. So kann die sechzehnjährige Asta weder die berühmte Schule Salem am Bodensee noch das Mädcheninternat in Eberswalde (im nördlichen Brandenburg) besuchen.

Kreisau, 9.3.31

Die Schule in Schweidnitz läßt viel zu wünschen übrig, doch habe ich mich damit abgefunden, zumal Asta zu Hause wohnen wird und täglich mit Helmuth James hineinfahren kann. Es ist wirklich ganz rührend, wie sie aneinander hängen. Der Junge hat einen sehr guten Einfluß auf ihr Leben, während sie ihm eine sehr muntere Gefährtin ist. So belasse ich alles gern, wie es momentan ist, denn eine solche Freundschaft ist doch ein Schatz für's Leben. (S. 182)

Helmuth James ist zu dieser Zeit Referendar beim dortigen Landgericht. Dank seines unermüdlichen Einsatzes war die Rettung Kreisaus so weit fortgeschritten, dass er es wagen konnte, wieder an seinen eigentlichen Beruf als Jurist zu denken. Im Juni 1930 begann er seine Referendarszeit beim Amtsgericht in Reichenbach und setzte sie ab 20. Januar 1931 beim Landgericht in Schweidnitz fort.

Schwieriger ist die Situation für den zwanzigjährigen Wilhelm Viggo, genannt Willo, der im Frühjahr 1931 sein Abitur mit »gut« bestanden hat. Schon Wochen zuvor hatte er sich vergebens darum bemüht, einen Bauunternehmer in Schweidnitz zu finden, der ihn sechs Monate lang als Lehrling aufnehmen würde. Willo zeichnete und malte von Kindheit an, er hatte beim Ausbau des Dachgeschosses im Berghaus handwerkliches Geschick bewiesen und träumt davon, Architekt zu werden. Doch können sich die Geschäfte in dieser Zeit Neueinstellungen nicht erlauben, wenn keine Aufträge zu erwarten sind.

Kreisau, 19.1.31

Keiner erwartet Besserung in diesem Jahr. Es ist höchst deprimierend, diese fortbestehende Wirtschaftskrise, die Leute verlieren alle Hoffnung – und das ist natürlich politisch sehr gefährlich. Mir tut besonders die Jugend leid; sie hat das Gefühl, daß es, außer für einige wenige besonders begabte oder besonders glückliche, kein Betätigungsfeld gibt. (S. 176)

Am 7.2.31:

> Was haltet ihr von unseren Arbeitslosenziffern – 5 Millionen? Das ist doch fürchterlich. Die Menschen sind so hoffnungslos, denn ich glaube nicht, daß irgendjemand meint, daß bald eine Besserung eintritt, und die Frage bleibt, ob die Welt jemals wieder für all ihre Söhne und Töchter Arbeit haben wird. Überall werden unentgeltliche Kurse eingerichtet und produktive Arbeiten geplant, aber das Land ist zu arm, um mit einem Problem dieser Größenordnung fertig zu werden. Im Februar und März erwartet man die schlimmsten Monate. (S. 178)

Wie verhält sich Dorothy in dieser ausweglosen Situation?

> Kreisau, 18.2.31
>
> Außer an ein paar Matschtagen Anfang Januar waren die Straßen sauber, d.h. monatelang gefroren. Ich hatte keine Sorgen und konnte in der letzten Zeit viel lesen. Auch habe ich Kochunterricht genommen und gelernt, mit einer Maschine zu stopfen, und andere nützliche Dinge der Haushaltung. In der Tat werde ich ganz tolstoianisch und bin der Meinung, daß eine gewisse Menge manueller Arbeit gut und gesund ist und *angenehm* für Menschen, die normalerweise nichts Praktisches tun. Zu dieser Philosophie kam ich, weil ich die dumme, fleißige kleine Hedwig weggeschickt habe! (S. 182)

Dorothy bezaubert durch ihren Humor, der sich im Vergleich mit Tolstois einfachem Leben zeigt. Sie beeindruckt durch ihre unbeirrbar positive Lebenseinstellung. Ohne diese würde es ihr kaum gelingen, in so schwierigen Zeiten ihre große Familie mit Zuversicht und Lebensmut zu erfüllen. Ihren Kindern ist sie ein Vorbild.

Kreisau, 16.3.31

Die letzten drei Tage waren einfach ideal, ein Vorgeschmack weiterer guter Tage, wollen wir hoffen. Die Sonne scheint durch jedes Fenster, und das Berghaus zeigt sich von seiner schönsten Seite. Wenn dies wirklich der Anfang des Frühlings ist, bedeutet es auch die Abnahme der Arbeitslosenzahl und eine, wenn auch nur geringfügige, Besserung der allgemeinen Atmosphäre. Wir, in diesem Falle Deutschland, sind besser durch den Winter gekommen, als irgendjemand erwartete, so können wir nur dankbar sein. [...] Die politische Dummheit der deutschen Konservativen, der ehemaligen »herrschenden« Klasse, ist zum Heulen. Kein Wunder, dass das Land auf den Hund kam. Andererseits bleiben die Intellektuellen ihrem Namen treu und verhindern dadurch, daß die Sache ganz verfahren wird, und Deutschland hat, wie mir scheint, seit dem Krieg eine Anzahl vorzüglicher Männer hervorgebracht. So besteht kein Grund zur Verzweiflung. (S. 183f.)

Tatsächlich hatte im Frühjahr 1931 das Interesse an den Nationalsozialisten nachgelassen, als politischer Machtfaktor schienen sie weniger bedrohlich. Zudem schien die Wirtschaftskrise die Talsohle erreicht zu haben, denn die Kurse der festverzinslichen Wertpapiere waren gestiegen und die Zahl der Arbeitslosen leicht gesunken.[81]

Dorothy spricht von der »politischen Dummheit der deutschen Konservativen« – aus ihrer Sicht verständlich. Doch war mit der Revolution von 1918 für den Adel eine Welt zusammengebrochen. Der unerwartete Sturz der Monarchie hatte einer privilegierten Schicht gewissermaßen über Nacht die Grundlage ihres Selbstverständnisses entzogen. »Alles, was wir bisher für ideal und verehrungswürdig gehalten haben, ist zerstört, verschmutzt und verdorben […] unsere politische Rolle, fußend auf unserer historischen Stellung, ist vorläufig ausgespielt«.[82]

So ist nicht verwunderlich, dass die überwiegende Mehrheit des Adels nicht bereit war, den plötzlichen Machtverlust hinzunehmen. Von Beginn an lehnte sie die demokratisch verfasste Weimarer Republik ab und kämpfte für die Rückkehr der Monarchie. In der Deutschnationalen Volkspartei (DNVP) versuchte sie, die Republik von innen her zu zerstören.

Unter den Beamten, in der Bürokratie der Ministerien, war der Adel nach der Revolution in der Minderheit, doch konnte er sich in der »Reichswehr«, dem von den Siegermächten zugelassenen 100 000-Mann-Heer, als führende Schicht behaupten. Im Offizierskorps blieben Wertvorstellungen der Kaiserzeit erhalten, sodass ein republikfeindliches Heer entstand. Freikorps und paramilitärische Verbände wie »Werwolf« oder »Stahlhelm« verstärkten diese Tendenz.

Auf dem Land blieben die gewohnten gesellschaftlichen Strukturen weitgehend erhalten, wenn auch der Gutsbezirk als Verwaltungs- und Rechtseinheit 1927 aufgelöst und das Amt des Landrats nicht mehr wie bisher üblich vorwiegend von Adligen besetzt wurde. Wie im Falle Kreisaus verschwand auch der Fideikommiss.

Kreisau, 9.5.31

Der Landrat hat dem Jungen vor ein paar Tagen gesagt, daß Kreisau als einer der besten Betriebe im Kreis gilt!! Das bedeutet, daß unser Ruf die Wirklichkeit bei weitem übertrifft oder daß die anderen Wirtschaften in bedauernswertem Zustand sind. Jedenfalls sind die Kosten enorm gesenkt worden, und alle Steuern, Versicherungen und laufenden Ausgaben werden sofort bar bezahlt. (S. 186)

Kreisau, 8.6.31

Politisch sind dies Tage schmerzlichen Interesses für jedermann in Deutschland – Chequers, die neue Notverordnung, die nur »erlassen« und erst später vom Parlament sanktioniert wird. Ein allgemeines Gefühl der Unruhe, besonders bemerkbar an der Börse. Ich schicke Euch die Regierungserklärung, weil sie wirklich vorzüglich ist und Euch sicher trotz sprachlicher Schwierigkeiten interessieren wird. Ich meine, die Regierung und besonders Brüning leisten gute Arbeit unter den größten Schwierigkeiten. Es zerreißt einem das Herz, wenn man sieht, wie *keiner* von der Nazi- oder Hugenbergpartei – also fast die Hälfte der Nation – ihm auch nur eine Unze Anerkennung für irgendetwas zollt. Sie diffamieren ihn und reden leichtfertigen Unsinn, so daß einem manchmal ganz schlecht davon wird. Der Mangel an Urteil, der Mangel an Verantwortung, die Bereitschaft, sich von billigen Phrasen hinters Licht führen zu lassen, das ist alles wirklich beängstigend, denn das sind Leute, die sonst ganz normal, oft klug und zuverlässig sind. Natürlich gibt es wahrscheinlich mehr vernünftige Leute, als man sich klarmacht, sie machen nur weniger Lärm als die anderen.

Hitlers Autobiographie, betitelt »Mein Kampf«, wurde mir als sehr interessant empfohlen. […] Das Buch ist gestopft voll von dem lächerlichsten Unsinn über Juden und »Marxismus« undsoweiter. Doch hat man durchgängig das Gefühl, daß Hitler kein Schuft oder Narr ist, sondern ein Mann von tiefer Leidenschaft, der seiner Vernunft und seinem Urteil keinen

> Raum läßt – und das ist ein Führer von 7 Millionen Wählern! (S. 187)
>
> Kreisau, 28.6.31
>
> Ihr werdet gelesen haben, wie nahe dem Abgrund Deutschland in der letzten Woche war. Brüning hielt am Dienstag (23.) eine sehr staatsmännische Rede, die vom Radio übertragen wurde, in der er einen »Fühler« in Richtung Frankreich ausstreckte, der zu einer Art französischem »Chequers« führen könnte, was nur gut wäre. Wir haben immer noch 4 Millionen Arbeitslose und dies in der Hauptarbeitssaison und keine Geldreserven und nur kurzfristige Kredite, die immer eine Gefahr darstellen. (S. 188)

In Chequers, dem Landsitz der britischen Premierminister, hatten sich Brüning und der deutsche Außenminister Julius Curtius mit dem englischen Regierungschef Ramsay MacDonald und dem Außenminister Arthur Henderson zu Beratungen in der Reparationsfrage getroffen; es war die erste Konferenz seit Kriegsende. Die Situation war brisant, denn zu befürchten war der wirtschaftliche Zusammenbruch Deutschlands. Nach dem New Yorker Börsenkrach (1929) zogen ausländische Kapitalgeber zunehmend Gelder aus Deutschland ab. Diese Tendenz verstärkte sich noch, als nach der Reichstagswahl vom September 1930 die NSDAP zweitstärkste Partei geworden war. Die Regierung Brüning sah sich am 9.6.1931 gezwungen, eine weitere Belastung Deutschlands durch Reparationsleistungen als wirtschaftlich untragbar zu erklären. Zahlreiche Gläubiger fürchteten nun einen Staatsbankrott und zogen weiteres Kapital aus Deutschland ab – die Reichsbank verlor in der Zeit vom 1. bis 17. Juni mehr als die Hälfte ihres Gold- und Devisenbestands. In dieser Notsituation verkündete der amerikanische Präsident Herbert Hoover (1874-1967) am 20. Juni ein zunächst auf ein Jahr begrenztes Moratorium für politische Auslandsschulden. Damit waren nicht nur die deutschen Reparationszahlungen an die europäischen Siegermächte gemeint, sondern auch die Kredite, die Großbritannien und Frankreich bei den USA aufgenommen hatten. Frankreich allerdings widersetzte sich zunächst als größter Gläubiger, sodass das Moratorium erst am 6. Juli in Kraft treten konnte.

Alfred Hugenberg (1865-1951) betrieb ein weit verzweigtes Medienunternehmen aus Verlagen, Pressediensten und Werbeagenturen einschließlich der Wochenschauen (UFA). Von Beginn an war sein erklärtes Ziel die Beseitigung der Weimarer Republik und die Wiedereinführung der Monarchie – im November 1918 war er ein Mitbegründer der Deutschnationalen Volkspartei (DNVP). Seit dem 20. Oktober 1928 war er Vorsitzender der Partei und arbeitete mit den aufstrebenden Nationalsozialisten zusammen. Hugenberg war Initiator der »Harzburger Front« – am 11. Oktober 1931 traf sich in Bad Harzburg die »Nationale Opposition« zu einer Großveranstaltung von DNVP und NSDAP im vereinten Kampf gegen die Weimarer Republik. Hugenbergs Zeitungen druckten Hitlers Reden im Wortlaut und trugen maßgeblich zur »Machtergreifung« der Nationalsozialisten am 30. Januar 1933 bei.

Kreisau, 26.10.31

Ich bin ganz Daddys Meinung, daß die Zukunft sehr düster aussieht. Ich fühle sehr mit den jungen Menschen. Wie schwer sie auch arbeiten mögen, haben sie

> wenig Aussicht auf Glück und Erfolg. Leute wie ich können sich in ihrem Heim verschanzen, wie ich es im lieben kleinen Berghaus kann, und solange man genug Geld hat, seine Familie zu ernähren und zu wärmen, kann man dem Leben noch etwas Freude abringen. Vorausgesetzt man findet sich mit einem einfachen Leben ab. Doch für die jungen Leute ist es etwas ganz anderes, und ihre Aussichten auf Glück sind viel geringer, die Armen. Ich kann Euch gar nicht sagen, wie dankbar ich bin, das Berghaus zu haben, und wie ich es liebe. Meine Kinder haben einen großen Vorteil: Sie lieben einfache Freuden, sie wissen alle, was Arbeit bedeutet, und keins von ihnen erwartet ein einfaches Leben – so sind sie für das Leben gut vorbereitet. (S. 191)

Der regelmäßige Briefwechsel mit den Eltern in Südafrika ist eine Quelle der Kraft für beide Seiten. Er hilft Dorothy vor dem Versinken in die bedrückenden deutschen Verhältnisse, er stärkt sie in dem Vorsatz, persönliche Ängste, Schmerzen und Sorgen nicht nach außen dringen zu lassen, sondern für sich zu behalten. Es ist ihr ganz offensichtlich eine Freude, die Eltern an ihrem Lebensglück, am Ergehen ihrer Familie, teilhaben zu lassen. Diese wiederum haben ihre Bindung an die geliebte Tochter nicht verloren, sondern antworten, wie aus Dorothys Briefen ersichtlich ist, mit kritischem Interesse. Wie bedauerlich, dass ihre Briefe nicht erhalten sind.

Dorothy und Freya auf der Treppe zum Berghaus
(1931)

Die Hochzeit

Kreisau, 9.3.31

Wir hoffen, daß Freya bald nach Ostern zu uns kommen wird, oder sogar früher. Ich habe an Frau Dr. [Schwarzwald] geschrieben, ob sie es nicht einrichten kann, auch für ein paar Tage hier zu sein. (S. 182)

Die Hochzeit
(1931)

Die liebevolle und selbstverständliche Art, wie Dorothy die Freundin ihres Sohnes in Kreisau aufnimmt, ist beglückend. Von Helmuth James ist bekannt, dass er seine Gefühle nicht gern zeigt, und Freya ist klug genug, ihn nicht zu drängen. Doch seine Briefe an sie zeigen, dass er ohne sie nicht mehr sein möchte. Im Juni besucht er Freya in Köln, von Hochzeit ist zunächst nicht die Rede. Helmuth James ist kein Freund gesellschaftlicher Konventionen;

warum also heiraten? Doch als feststeht, dass Dorothy in der ersten Jahreshälfte 1932 ihre Eltern in Südafrika besuchen will, hat sich eine veränderte Situation ergeben. In seiner lakonischen Art macht er Freya plötzlich einen überraschenden Heiratsantrag: »Meine Mutter geht jetzt weg. Niemand ist da, der auf meine jüngeren Geschwister aufpasst. Wir müssen heiraten!«[83]

Die Hochzeit wird auf den 18. Oktober 1931 festgesetzt, einen mittlerweile traditionellen Termin. An diesem Tag feiern die Großeltern in Südafrika ihre goldene Hochzeit; auch Dorothy und Muti hatten an einem 18.10. geheiratet. Wegen der wirtschaftlichen Notlage wird das Fest im Hause Deichmann in Köln bewusst klein gehalten. Typisch für Helmuth James, der jeden Aufwand hasst, gibt es für ihn keinen Smoking und für beide nur Eheringe aus Blech; nur mit Mühe kann er zu einer kirchlichen Trauung überredet werden.

Köln, Georgsplatz 16
Sonnabend, 17.10.31

Also, hier bin ich jetzt in Köln, bei schönem Sonnenwetter und einem *sehr* glücklichen jungen Paar. Helmuth war Montag und Dienstag geschäftlich in Berlin und konnte mehrere Dinge so befriedigend erledigen, daß er sich ganz unbeschwert fühlt, und sie werden doch einen kurzen »honeymoon« – wie ich das Wort hasse – machen, bevor sie nach Kreisau und an die Arbeit zurückkehren. Das ist also sehr beruhigend.

Montag, 19.10.31

Unser junges Paar ist gestern mit dem Wagen nach Koblenz abgefahren, und dann wollen sie gemächlich den Rhein entlang nach Zürich fahren, wo Frau Doktor

[Schwarzwald] am 22. einen Vortrag hält. Sie weiß nichts von dem Plan, und Ihr könnt Euch ihre Freude vorstellen. Ende der Woche werden sie wahrscheinlich wieder in Kreisau sein. [...] Am Sonnabend dinierten wir mit Herr und Frau von Schnitzler, Freyas Großeltern, etwa in Eurem Alter – nur zu sechzehn, ganz informell und sehr angenehm. Am Sonntag war um 1.30 ein ganz kurzer und einfacher Gottesdienst im Haus, und danach gab es ein köstliches Diner für 14 Leute. Dann verließen uns die zwei Lieben ein oder zwei Stunden später. [...] Es war alles so natürlich, fröhlich und einfach. Ich weiß, Ihr hättet es sehr genossen. [...] Das Deichmannhaus ist schön. Vergleichbar mit den alten »Hotels« in Paris. Mehr ein weitläufiges Landhaus als ein Stadthaus. Viel Geschmack und Kosten stecken drin, und jetzt, nächsten Monat, soll es aufgelöst werden. Freya hatte keine Brautjungfern, keine Musik, und wir trugen weder Hüte noch Handschuhe, die Männer dunkle Anzüge, alles so einfach wie möglich, was so richtig war. (S. 189f.)

Die äußeren Umstände hätte deprimierender nicht sein können. Auch das Bankhaus Deichmann bricht zusammen, Freyas Vater stirbt am 21. Oktober, sodass die Hochzeitsreise abgebrochen werden muss.

Freya erinnert sich später:

Ich heiratete als armes Mädchen. Ich war durchaus betroffen von der Wirtschaftskrise. Wir lebten eigentlich wie zwei Studenten. Er hatte nichts, ich hatte wenig. Aber es reichte zum Leben. Er hatte das Deputat von Kreisau. Viel Geld hatten wir nicht, aber es lebte sich sehr gut.[84]

Helmuth James und Freya kehren nach Kreisau zurück. Dorothy schreibt den Eltern am 2.11.31:

> Mein junges Paar ist lieb und miteinander so glücklich, es ist ein Vergnügen, es zu sehen. Freya ist so natürlich und impulsiv, ganz unverdorben und frisch, Helmuth ist sehr reserviert, aber man kann an hundert kleinen Einzelheiten sehen, wie glücklich er ist. Natürlich besteht wie bei so vielen Ehen auch bei dieser die Gefahr, daß sie ihm zu ergeben ist. Doch Freya ist ein intelligentes Kind und ist sich, glaube ich, bewußt, daß sie zurückhaltend sein muß. Sie haben einen kleinen Durchbruch zu Willos Kämmerchen gemacht – das er ihnen rührenderweise überlassen hat, – und Helmuth hat seinen Schreibtisch, Bücher, Papiere im großen Wohnzimmer. So haben sie eine wirklich sehr nette Behausung. (S. 192)

Und am 8. 11.:

> Natürlich bedeutet ein Haushalt mit so wenig Personal eine Menge Arbeit verschiedenster Art. Freya ist sehr willig und, wie ich glaube, ganz tüchtig, hat aber zur Zeit so viele Gratulations- und Kondolenzbriefe zu beantworten, daß ich nicht viel von ihr verlange, außer den Kindern zu helfen, besonders C. B. bei seinen Hausaufgaben, die fast eine Stunde pro Tag beanspruchen. (S. 194)

Freya wird dann die Verantwortung für das Berghaus und die jüngeren Geschwister ihres Mannes übernehmen, nachdem Dorothy am 29. Dezember 1931 für ein halbes Jahr nach Südafrika abgereist ist.

Kreisau, 15.11.31

Freya ist zur Universität gegangen, und der Junge geht auch heute nachmittag »geschäftlich« nach Breslau, d.h. um mit den Gläubigern die besten Schritte zu erwägen. Er sagt, daß momentan alles eigentlich schwerer für die Gläubiger – alle Gläubiger – ist als für Schuldner. Allenthalben stellen sie fest, daß wenig Hoffnungen auf Zinszahlungen für das geliehene Kapital besteht, geschweige denn Schuldentilgung. Man fragt sich, wo das alles enden soll. Im Chaos? Einer Naziregierung und dann einem kommunistischen Putsch? Oder wird es nur eine Fortsetzung des gegenwärtigen Zustands sein, von dem ich meine, daß ihn keine verfassungsmäßige Regierung – und das nenne ich die Regierung Brüning noch – ändern kann, bis sich die Lage in der Welt bessert. (S. 194f.)

Dorothy ist politisch begabt, sie stellt die richtigen Fragen. Tatsächlich endet das Problem auf verschlungenen Wegen in einer Naziregierung.

Wie oben berichtet [Brief vom 2.4.26], hatte die Reichsregierung 1926 beschlossen, den ostelbischen Gütern eine Um- und Entschuldung zu erleichtern; auch Kreisau war daraufhin geprüft worden. Nach Ausbruch der Wirtschaftskrise wurde die kreditpolitische Initiative im Juli 1930 durch eine Notverordnung verstärkt. Schließlich hatte das Kabinett Brüning am 31. März 1931 ein *Osthilfegesetz* auf den Weg gebracht, allerdings mit dem Zusatz, dass Neubauern auf Grundstücken bankrottgegangener Großgrundbesitzer angesiedelt werden konnten. Nicht verwunderlich, dass Brüning daraufhin von den Rechten als »Agrarbolschewist« bezeichnet wurde; dieser Vorwurf trug zu seiner Entlassung am 30. Mai 1932 bei.

Zweifel daran, ob eine gerechte Unterstützung überhaupt möglich sei, ob diese Maßnahme sozialpolitisch zu verantworten sei, weil sie den Großgrundbesitz auf Kosten der Bauern bevorzuge, hatten nicht nur Dorothy und Helmuth James.

Am 22.11.31 schreibt sie aus Kreisau an ihren Vater:

> Mittlerweile ist eine neue Notverordnung herausgekommen. Eine Gruppe, die *Osthilfe* genannt wird, ist ermächtigt, Zahlungen von Schulden, die östliche – daher *Ost* – Landwirte gegenüber ihren Gläubigern haben, zu stunden oder zu reduzieren. *Landbund*[85] usw. jubilieren, aber vernünftige Leute schütteln die Köpfe, weil – auch wenn die Sache weise und sehr zurückhaltend verwaltet werden sollte – es praktisch bedeutet, daß die Gläubiger gar keinen gesetzlichen Schutz haben und daß alle Verpflichtungen ungültig sind oder in Gefahr, es zu werden. Für uns persönlich mag es sich als äußerst nützlich erweisen, aber es ist nicht richtig und untergräbt jedes normale Gefühl für Verpflichtungen und zerstört sicher das Vertrauen. Dein juristischer Sinn wird entsetzt sein, der des Jungen ist es auch, und es bedeutet natürlich, daß niemand in Zukunft den östlichen Landwirten auch nur eine Mark Kredit geben wird. (S. 196)

> Kreisau, Sonntag, 29.11.31
>
> Die Besprechung mit den Gläubigern ist glänzend gelaufen. Niemand war verärgert, sie sagten im Gegenteil, daß Kreisau nicht besser verwaltet werden könne als es jetzt ist, sie waren ganz zufrieden mit Zeumers und des Jungen Methoden und baten den Jungen, Vorschläge zu

machen, wie die nächsten Schritte sein sollten, was ein großes Kompliment für meinen Erstgeborenen war. Wir werden uns dieser neuen *Osthilfe*-Notverordnung, genannt *Sicherungsgesetz*, bedienen. Das bedeutet wahrscheinlich, wenn alles gut geht, daß der Zinsfuß gesenkt wird und unsere Schulden vielleicht stark gekürzt werden, in anderen Worten, es wird uns möglicherweise erheblich helfen, aber es sind noch viele juristische und andere Gesichtspunkte zu klären. Man kann noch nichts Endgültiges sagen. Jedenfalls ist es ein Hoffnungsstrahl und ein sehr angenehmer Ausblick für 1932, aber sehr hart für die Gläubiger. Man sagt jedoch, lieber wenig und sicher als hohe Zinsen und ein Bankrott nach dem anderen. (S. 197)

Und im letzten Brief vor der Reise zu den Eltern:

Kreisau, 20.12.31

Wir haben ein *Sicherungsverfahren* beantragt, was praktisch ein Moratorium bedeutet, und dieser Antrag wird jetzt begutachtet. Über die Hälfte der großen Güter im Kreis sind in derselben Lage. Es ist ein merkwürdiger und sehr ernster Zustand. Ein allgemeiner Zusammenbruch der alten Ordnung. (S. 198)

Gut ein halbes Jahr später, am 9.7.32:

Der Betrieb ist so zufriedenstellend wie möglich. Zeumer und der Junge haben zusammen die Kosten enorm gesenkt. [...] Die Treuhänder der *Osthilfe* wollen, daß wir nur 800 Morgen behalten und den Rest verkaufen, und erst dann wollen sie sich unseres Falles annehmen. Es ist im Moment nicht leicht, Land zu verkaufen, aber

> der Junge verhandelt mit verschiedenen Leuten. Kreisau hat dieses Jahr 1500 Pfund »eingebracht«, aber natürlich sind die Zinsen auf die Schulden nicht bezahlt worden, da wir im *Sicherungsverfahren* stecken; jedoch die Steuern sind bezahlt. (S. 204)

Dorothys Heimkehr

Dorothy kehrt im Juni 1932 aus Südafrika zurück und wird von ihren drei großen Söhnen vom Bahnhof in Berlin abgeholt. Bei der Freundin Ulla Oldenbourg gibt es ein Festessen, dort sieht sie auch ihren zweiten Sohn Joachim Wolfgang ausführlich. Er studiert Kunst in Frankfurt; Dorothy ist sehr glücklich über ihn. Schon vor ihrer großen Reise hatte sie am 10.12. aus Kreisau geschrieben:

> Eine Freude, ihn hier zu haben, und ich bin wirklich schrecklich stolz auf ihn. Sein Enthusiasmus und Interesse an seiner Arbeit – die sein ein und alles ist –, seine charmanten Umgangsformen, Rücksichtnahme auf andere, seine Zuverlässigkeit sind wirklich sehr große Pluspunkte für seine Zukunft. Er ist in Frankfurt sehr glücklich. Hans Deichmann und seine Arbeit sind ihm das Wichtigste. (S. 198)

Freyas Tante Frau von Schnitzler ist Mittelpunkt des geistigen und kulturellen Lebens in Frankfurt. Oft nimmt sie Joachim Wolfgang mit ins Theater, sie macht ihn mit interessanten Leuten, auch Ausländern, bekannt – »alles in allem fällt er wieder einmal auf die Füße«.[86]

In Kreisau wird sie liebevoll mit zahlreichen Überraschungen empfangen. »Und siehe da, ich war zu Hause!« Die Kinder haben Reparaturen am Berghaus vorgenommen, die vordere Veranda grün und die Fensterrahmen innen weiß gestrichen, Helmuth James hat mit der Schwägerin Ete und Tante Hertha neue Jalousien für die Veranda als Geburtstagsgeschenk gekauft. Ihr Ältester umarmt sie zur Begrüßung gleich dreimal – »ein einzigartiger Gefühlsausbruch für einen Moltke!« Auch Asta zeigt, wie glücklich sie ist, die Mutter wieder zu haben – sie hatte als Überraschung eine Decke für den Teetisch gestickt. Doch eine erneute Trennung steht bevor – Dorothy bereitet Astas Wechsel in das Internat Eberswalde vor.

> Ich habe angefangen, Astas Sachen für Eberswalde zusammenzusuchen – Bettwäsche, Handtücher, Messer, Gabeln, Koffer usw. Ein Bettvorleger wird auch gewünscht. Ich habe ihr gesagt, daß ich ihr meinen leihe, den Granny gemacht hat, wenn sie sehr, sehr vorsichtig damit ist. Ihre Freude war ganz rührend und hat mich eigentlich überrascht. Sie sagte unter anderem: Das Beste daran ist – wir hatten davon gesprochen, wie weich er ist –, daß Granny ihn selbst gemacht hat. Seit meiner Rückkehr folgt sie mir immer fast wie ein Hündchen, was manchmal etwas lästig ist und doch sehr lieb. Ich sollte wahrscheinlich abbremsen, wenn unsere Trennung nicht so nah bevorstünde. Ich habe ihr anscheinend erstaunlich gefehlt, als ich weg war, was mich wundert, denn Helmuth und Freya sind sehr lieb mit ihr. Aber ich nehme an, sie fühlte sich ein bißchen wie das fünfte Rad am Wagen. (S. 204)

Während der langen Abwesenheit der Mutter hatte Asta die nur drei Jahre ältere Freya »Vizemami« genannt – ein Kompliment für Freya, aber auch Ausdruck ihrer Sehnsucht nach der Mutter. Wie zu dieser Zeit in Häusern der Oberschicht üblich, ging auch Dorothy bei aller Liebe recht robust mit ihren Kindern um. So wohltuend die Distanz zwischen Eltern und Kindern für beide Seiten sein kann, geht sie doch oft zu Lasten der jüngeren Kinder.

Schmerzlich für die Mutter, dass Helmuth James und Freya sie bald verlassen werden, denn er hat in Berlin einen Ausbildungsplatz im Anwaltsbüro von Erich Koch-Weser erhalten.[87] »Das bedeutet auch das Ende meines glücklichen Lebens mit dem Jungen. Das war für mich solch ein Glück.« (S. 199)

Kreisau, Sonntag 19.6.32

Ihr Lieben, ich habe die Politik noch gar nicht erwähnt, und ich weiß, daß Daddy sicher wissen will, wie die »Frau am Ort« die Dinge sieht. Hindenburgs Vorgehen kam für alle überraschend, auch für Brüning. Wie ich höre, sind Hindenburgs konservative Freunde während seiner dreiwöchentlichen Ferien in Ostpreußen niemals von seiner Seite gewichen und haben ihn zum Schluß überredet, sich Brünings zu entledigen. Wahrscheinlich hat Hindenburg die Nerven verloren und bei seinem früheren Freundeskreis und seiner eigenen wirklichen *Weltanschauung* Hilfe gesucht. Jedenfalls hat er Brüning abscheulich behandelt und eine große Verantwortung übernommen. Sogar die Opposition gibt zu, daß etliche Männer des neuen Kabinetts erstklassige Leute sind – abzuwarten bleibt allerdings, ob sie Politiker sind. Wahrscheinlich war Papen eine unglückliche Kanzlerwahl, und Schleicher wird als Außenseiter angesehen. Die Frage ist: Werden sie einer Naziregierung den Weg bereiten oder die Nazis an der Regierung beteiligen, und wenn ja, was wird der republikanische Teil der Bevölkerung tun? Wir bewegen uns auf sehr dünnem Eis. (S. 201)

Von der Demokratie zur Diktatur

Brünings Scheitern

Als Dorothy im Juni 1932 nach Kreisau zurückkehrt, ist Brüning bereits verabschiedet. Welche Folgen hatte die Politik des von ihr verehrten »Hungerkanzlers« für das deutsche Volk? Als er 1930 an die Regierung kam, gab es 3 Millionen Arbeitslose, 1932 hatte sich ihre Zahl verdoppelt. Von 1930 bis1932 fielen die Löhne und Gehälter um ein Viertel, die deutsche Industrieproduktion war auf weniger als Zweidrittel des Standes von 1928 gesunken. Brüning hatte die Verschärfung der Krise richtig vorausgesehen, dennoch ließ er konjunkturpolitische Maßnahmen wie z.B. eine Steigerung der öffentlichen Ausgaben nicht zu, weil sich daraus die Gefahr einer Inflation ergeben hätte. Es kam ihm vor allem darauf an, die Währung stabil zu halten, bis Deutschland von Reparationen befreit war. Im Frühjahr 1932 stand er kurz vor dem Ziel: die Streichung der Reparationen war auf der Konferenz von Lausanne am 16. Juni zu erwarten, die militärische Gleichberechtigung war von den USA und England schon auf der Abrüstungskonferenz in Genf zugesagt worden. Brüning in seiner letzten Reichstagssitzung am 11. Mai 1932: »Ich sprach von der Notwendigkeit, die letzten Minuten die Nerven zu behalten, und benutzte das Bild der letzten hundert Meter vor dem Ziel. Die Rede erntete stürmischen Beifall bei der Mehrheit des Hauses.«[88]

Diese Zustimmung blieb ihm im Volk versagt, weil er es ablehnte, für seine Politik zu werben. Brüning regierte als Fachmann nach sachbezogenen Kriterien; die öffentliche Meinung war ihm gleichgültig. Fest entschlossen kämpfte er darum, dem Volk statt schöner Worte handfeste Ergebnisse, eine endgültige, dauerhafte Überwindung der Krise zu liefern; doch die Deutschen spielten nicht mit. Sie waren es leid, zu darben und zu hungern, ohne recht zu wissen, wofür. Ihnen ging es um Brot und Arbeit, nicht um ferne außenpolitische Ziele. So kam es, dass die sachlich richtigen Entscheidungen des Kanzlers politisch wertlos waren. Zwar wurden die Reparationen in Lausanne bis auf einen Rest von drei Milliarden Reichsmark gestrichen, doch gewannen die Nationalsozialisten sechs Wochen später, in der Wahl vom 31. Juli 1932, 37,3 % der Stimmen, das bedeutete gegenüber der Wahl von 1930 einen Zuwachs von 19 %.

Auch Reichspräsident Hindenburg dankte dem Kanzler seine mühsam erkämpften Erfolge nicht, obgleich das persönliche Verhältnis zwischen ihnen zunächst gut war. Das ursprüngliche Einvernehmen wurde gestört, als Brüning ihn im Januar 1932 überredete, zum zweiten Mal für das Amt des Reichspräsidenten zu kandidieren. Hindenburg war 84 Jahre alt und hätte sich gern zurückgezogen, doch wollte Brüning seine Politik so kurz vor dem Ziel nicht durch einen Wechsel im Präsidentenamt gefährden. Rechtsstehende Gruppen lehnten ab, für eine Wiederwahl Hindenburgs einzutreten – ein Affront für den unbeliebten Reichskanzler, dessen Notverordnungen nach wie vor von der SPD toleriert wurden. Hindenburg war gekränkt, dass er seine Wahl am 10. April 1932 den republikanischen Parteien zu verdanken hatte, während seine Freunde und Kameraden gegen ihn gestimmt hatten. Ein Intrigenspiel setzte ein, dem Brüning schließlich erliegen musste. Im Mai fuhr Hindenburg auf sein Gut Neudeck in Ostpreußen und geriet erneut unter den Einfluss des ostelbischen Landadels, der sich über die Siedlungspolitik der Regierung beschwerte. Auch Neudeck musste um seine

Zukunft fürchten und hatte von der *Osthilfe* profitiert. Wie erwähnt, wurde Brüning in diesem Zusammenhang »Agrarbolschewismus« vorgeworfen, ein weiteres Argument für seine Entlassung.

Am 30. Mai überbrachte Brüning die Demission des Kabinetts. Die Unterhaltung mit dem Reichspräsidenten dauerte dreieinhalb Minuten.

Hindenburg: »Ich muß Sie wegen meines Namens und meiner Ehre entlassen.«

Brüning: »Ich hoffe nur eines, Herr Reichspräsident, daß Ihre Ratgeber Sie nicht auf einen Weg drängen, der zum Verfassungsbruch führt.«[89]

Franz von Papen

Obwohl er nur ein halbes Jahr lang Reichskanzler war, ist seine Bedeutung für den Übergang von der parlamentarischen Republik zur nationalsozialistischen Diktatur nicht zu unterschätzen. Nicht umsonst wird er als »Steigbügelhalter Hitlers« bezeichnet. Erzkonservativ von seinem Werdegang her, hatte er sich zeitweise im Zentrum engagiert, doch fühlte er sich eigentlich dem »Herrenclub« in Berlin zugehörig, einer exklusiven Vereinigung von Vertretern aus Politik und Wirtschaft. Der Club pflegte eine »jungkonservative« Ideologie – Eliten sollten fortan den Ton angeben, Parlamente, Parteien, Massenorganisationen aller Art seien zu überwinden.

Außenpolitisch gelte es, Deutschland zu einer führenden Großmacht aufzubauen, deren Grenzen sich weit nach Osten und Südosten verschieben sollten.

Papen (1879-1969) war am 1. Juni 1932 nicht zuletzt

deshalb zum Reichskanzler berufen worden, weil er hervorragend vernetzt war. Mit Hindenburg wie dem Reichswehrminister Kurt von Schleicher (1882-1934) war er seit langem bekannt, mit dem späteren nationalsozialistischen Außenminister Joachim von Ribbentrop (1893-1946) befreundet, vor allem aber hatte er gute Kontakte zur rheinisch-westfälischen Schwerindustrie. Der Reichsverband der deutschen Industrie (RDI) hatte auch Brüning zeitweise gestützt in seinem Ringen um die Streichung der Reparationen, nach dessen Sturz jedoch tendierte er zu einer autoritären Lösung jenseits politischer Parteien, um stabile Verhältnisse und Planungssicherheit zu gewinnen. Auch die Führung der Reichswehr plädierte für einen Weg in die Diktatur.

Schon zwei Tage nach der Entlassung Brünings stellt Papen seine Regierung vor, das später so genannte »Kabinett der Barone«. Drei Minister zählen zur DNVP und fünf sind parteilos; eine Bindung zum Reichstag ist nicht gegeben. Ziel des neuen Reichskanzlers ist eine Diktatur auf nationaler Grundlage, dafür seien die »Rechtsparteien«, also die DNVP und die NSDAP, einzubeziehen. Allerdings sind den Nazis allenfalls die Position des Vizekanzlers und unbedeutende Ministerposten einzuräumen.

Kreisau, 4.7.32

Ich habe in meinem Brief die Politik wenig erwähnt, weil ich einfach nicht weiß, was ich dazu sagen soll. Sie scheint eine Krankheit in Deutschland zu sein, und für Leute mit liberalen Anschauungen ist das Wetter frostig. Ich persönlich meine, daß die neue Regierung sich gar nicht so schlecht hält, abgesehen von der Tatsache, daß die Nazis – unter deren Einfluß die Regierung anscheinend steht – Papen veranlassen, unglaubliche Dinge zu tun, wie etwa, daß er der SA wieder erlaubt, aufzumarschieren und Uniformen zu tragen, was zu einer Herrschaft des Terrors auf den Straßen geführt hat und zu einer sehr ernsten Situation zwischen den südlichen Ländern und dem Reich – weil erstere das Uniformtragen verboten haben –, und den Nazis ist der Kamm mehr denn je geschwollen. Fast jeden Tag gibt es einen Aufruhr in der einen oder anderen Universität, und als Folge der Naziepidemie meinen die Leute, die beste Antwort auf ein Argument sei, daß man der Gegenpartei den Schädel einschlägt. Es ist bedauerlich, und mir tun die jungen Leute so schrecklich leid, die – wie ich meine – in dieser lauten und brutalen Welt von ideenlosen Leuten einfach am falschen Ort sind. Sogar Asta hat scheußliche Erlebnisse in der Schule gehabt, wo fast alle Schulmädchen Nazis sind und selbstverständlich versuchen, die ganze Schule zu tyrannisieren. Viele von den älteren Leuten scheuen davor zurück, sich dieser Sinnlosigkeit entgegenzustellen, da sie denken, sie würden ihre Stellung verlieren, wenn die Nazis an die Macht kämen. Heutzutage kann es sich keiner leisten, seine Arbeit zu verlieren. Da habt ihr also den traurigen Stand der Dinge. Liberale Gedanken und Ideale, ja der Humanismus, scheinen tot zu sein. Ob er wohl später wieder einmal zum Leben erwacht? Inzwischen sind junge Männer wie Helmuth oder Hans, Jowo oder Willo angeekelt, deprimiert und fühlen sich ganz fehl am Platz. Es ist ein Jammer.

Aber wir in unserem lieben kleinen Berghaus vergessen all den Lärm und die Intoleranz draußen und sind zufrieden und fröhlich, und ach so traurig, daß diese glückliche Zeit mit den Kindern schnell ihrem Ende entgegengeht. Aber das Leben steht nie still, nicht wahr? (S. 203f.)

Dorothy am falschen Ort?

Es ist ein Jammer, auch für Dorothy. Sie hatte sich zur neuen Heimat in Deutschland entschlossen und war ihr treu geblieben, obwohl sie doch nach wie vor eine Fremde war – ihre Muttersprache war englisch. Sie hatte den Krieg und die folgenden Jahre der Not tapfer durchgestanden und in dieser Zeit ihre fünf Kinder voller Liebe großgezogen. Durch ihre starke und warmherzige Persönlichkeit hat sie Kreisau segensreich geprägt. Frei von materiellen oder auch repräsentativen Ansprüchen, wie sie war, hat es ihr nichts ausgemacht, in das kleine Berghaus zu ziehen.

Und nun? Was hatte sie in diesem Land verloren, dessen demokratische Institutionen zerstört waren, dessen öffentliches Leben zunehmend verrohte, das sich auf dem Weg in moralische Verwahrlosung befand? Die großen Söhne und Freya gingen aus dem Haus, für Asta war ein Internat vorgesehen, blieb sie wegen Carl Bernhard, der Schulprobleme hatte? Ihr Mann war mit seiner Arbeit in der *Christian Science* in Berlin beschäftigt; seinetwegen brauchte sie nicht zu bleiben.

Über die Eltern und inzwischen auch Helmuth James gab es zahlreiche Kontakte nach London; dort war die Welt ihrer Jugend, in der politischen und gesellschaftlichen Welt Englands hatte sie ihre Sozialisierung erfahren. Warum ging sie nicht zu ihren Freunden nach London?

Es ist wohl so, dass Dorothy in Kreisau Wurzeln geschlagen hatte. Sie fühlte sich mit seinen Menschen, mit dem Leben auf dem Gut verbunden. Vielleicht blieb sie auch Helmuth James zuliebe, der sich bis an die Grenzen seiner Leistungsfähigkeit für das Heimatgut einsetzte. Ihre Treue war ein Glück für ihn und ein Segen für Kreisau, für die Bewahrung der von ihr geprägten unverwechselbare Atmosphäre.

Sie beruhigt die Eltern:

> Macht Euch aber nicht zu viele Sorgen über diese Dinge. Man leidet geistig wirklich mehr, wenn man außerhalb des Schlamassels ist, als wenn man drin steckt. Von Berlin habe ich noch nicht viel gesehen, aber was ich gesehen habe, ist ganz normal und nicht beunruhigender als sonst: Solange wir keinen Krieg haben, keine Inflation und genug zu essen, gehen wir im großen und ganzen – abgesehen von den unglücklichen Arbeitslosen – unseren täglichen Geschäften fast ungestört nach. (19.9.32, S. 212f.)

Der »Preußenschlag«

Am 20. Juli wird durch eine Notverordnung Hindenburgs die Preußische Regierung abgesetzt und durch einen Reichskommissar ersetzt, angeblich, weil im größten Staat des Reiches Ruhe und Ordnung gefährdet seien. In Wirklichkeit hatte seit 1920 in Preußen eine stabile Koalition von SPD, Zentrum und der Deutschen Demokratischen Partei (DDP) geherrscht, allerdings hatte die Landtagswahl vom 24. April 1932 zu einer Mehrheit der extremen Parteien NSDAP und KPD geführt, sodass die Regierung zurücktrat, aber geschäftsführend im Amt blieb. Dieser Weg war möglich durch die Einrichtung eines konstruktiven Misstrauensvotums, das Ministerpräsident Otto Braun und sein Innenminister Carl Severing, beide SPD, auf den Weg gebracht hatten, d.h. die Abwahl eines Regierungschefs war nur möglich, wenn gleichzeitig ein alternativer Kandidat gewählt wurde. Papen selbst nimmt das Amt des Reichskommissars wahr, erklärt mit Hilfe der Reichswehr den militärischen Ausnahmezustand und besetzt das preußische Innenministerium, die preußische Polizei wird der Regierung unterstellt.

Kreisau, 25.7.32

Für die Absetzung von Severing und Braun, zwei hervorragenden Männern, gab es nicht die geringste Entschuldigung, denn die Verhältnisse in Preußen waren ebenso ordentlich wie in den anderen Ländern, und die allwöchentlichen Unruhen sind ganz und gar auf die Verordnungen zurückzuführen, die das Tragen von Uniformen usw. erlauben; im Reich sind sie zugelassen, nicht aber in den Ländern. Da haben wir es also. Im Moment ist alles ruhig, aber natürlich ist die Situation höchst gefährlich. (S. 206)

Kreisau, 31.7.32

Wahlsonntag. Ein schöner, warmer Sommertag, die Straßen in Schweidnitz voll von Nazifahnen – auch eine ganze Menge der Eisernen Front[90] –, uniformierte Nazis überall, aber alles ruhig und, soweit man sehen konnte, kein Krawall. Das ist das Bild in dieser Gegend an diesem schicksalshaften Tag. Ich habe die Staatspartei gewählt – die demokratische Partei, der Gertrud Bäumer angehört. Es war nicht leicht zu entscheiden, was das Richtige ist. Auf der Rechten sind die Nazis und die Deutschnationalen, auf der Linken die Sozialisten und Kommunisten, in der Mitte, aber mit Neigung nach links, das Zentrum. Alle diese Parteien widern mich an. Die Staatspartei ist klein, aber immer auf der liberalen und fortschrittlichen Seite, und hat einige der besten parlamentarischen Abgeordneten, darunter Koch-Weser, den Anwalt in Berlin, bei dem Helmut arbeiten wird.

Die österreichische Eisenbahn erläßt den Deutschen, die auf Ferien in Österreich sind, die Hälfte des Fahrpreises, wenn sie zum Wählen nach Deutschland fahren wollen, und Willo wird wahrscheinlich heute von Grundlsee ins Reich kommen, um zu wählen. […]

Die »Staatspartei« ist eine Umbenennung der ehemals »Deutschen Demokratischen Partei«, einer ursprünglich konsequent liberalen Partei, die allerdings die »Präsidialkabinette« mitträgt. Mit der Tolerierung eines Regierens durch »Notverordnungen« unter Umgehung des Parlaments verrät sie liberale Grundsätze. Eine weitere Bewegung in das rechte Spektrum stellt im Juli 1930 die Verbindung mit der »Volksnationalen Reichsvereinigung« zur »Deutschen Staatspartei« dar. Bei den Reichstagswahlen im September 1930 erringt die »Deutsche Staatspartei« 3,8 %, bei den beiden Reichstagswahlen des Jahres 1932 sind es nur noch jeweils 1 %.

Die ehemals liberale Partei hat ihr Gesicht verloren. Sie wird wie andere Parteien der bürgerlichen Mitte von der NSDAP aufgesogen. Von heute gesehen, ist es nicht zu fassen, dass die letzten fünf Abgeordneten der »Deutschen Staatspartei« 1933 für Hitlers »Ermächtigungsgesetz« gestimmt haben, darunter die späteren Politiker der FDP Theodor Heuß und Reinhold Maier.[91]

Montag, 1.8.32

Nach den vorläufigen Wahlresultaten, die veröffentlicht worden sind, haben anscheinend die Nazis enorme Gewinne erzielt, was bedeutet, daß jetzt alles möglich ist, d. h. alles Unangenehme wie Inflation und viele andere Köstlichkeiten. Wahrscheinlich müssen die Hitlerianer ihre Chance haben und beweisen, ob sie fähig sind zu regieren oder nicht. C. B. [Carl Bernhard] ist ein feurigerer Nazi denn je – er hat Hitler vor etwa einer Woche in Neiße gehört, als er bei seinem Freund wohnte, und ist freudig bewegt über den Wahlausgang und betrübt über meine Stimmabgabe! (S. 206f.)

Am 4. Juni war der Reichstag aufgelöst worden und Neuwahlen zum 31. Juli 1932 festgesetzt. Zehn Tage später folgte eine Notverordnung für einen radikalen Sozialabbau, am gleichen Tag die Aufhebung des Verbots von SA und SS, das Brüning erst am 13. April bei Hindenburg durchgesetzt hatte. Damit war der Terror der braunen Banden zurück und forderte vor den Reichstagswahlen 183 Tote und mehr als 2000 Verletzte. In den Wahlen gewannen die Nationalsozialisten fast 14 Millionen Stimmen (37,3 %), damit waren sie zur stärksten Partei aufgestiegen.

Kreisau, 3.9.32

Helmuth und Freya kehrten gestern abend aus Berlin zurück, sehen beide sehr wohl aus und waren bester Laune, da sie die ideale Wohnung dicht am Tiergarten gefunden haben, zentral gelegen und doch sehr ruhig. Ein großes, altes Haus in einem guten Stadtteil wird zu kleinen Wohnungen umgebaut, eigentlich für wohlsituierte Junggesellen. Sie haben zwei Zimmer, ein Badezimmer und eine winzige Küche mit einem elektrischen Herd und natürlich Zentralheizung für 110 Mark im Monat genommen. Sie sind ganz begeistert und aufgeregt darüber. Die Wohnung wird erst im Oktober fertig. So werden sie zuerst 14 Tage in einer Pension wohnen, und dann ist ihre Adresse: Berlin W. 10, Bendlerstraße 42. […]

Die Politik vermeide ich lieber, da sie so verworren und unverständlich ist, daß ich mich ganz außerstande fühle, sie Euch zu erklären. Die allgemeine Meinung ist, daß Hitler seine Chance verpaßt und den Gipfel seiner Macht überschritten hat. Aber natürlich ist es jämmerlich, so regiert zu werden wie zur Zeit. Papens Gefolgschaft ist nicht groß – geschweige denn eine Mehrheit –, und er wird nur von Hindenburg gehalten, einem alten Herrn von 85 Jahren. Was für ein Zustand! […] Gegen all dies gibt es keine Opposition, weil kein Geld da ist, aktiven Widerstand oder auch nur Propaganda dafür zu organisieren; die Leute sind so müde nach Jahren der Anstrengung und Sorge, diejenigen, die eine Stellung haben, ziehen es vor, sich ruhig zu verhalten und keine Risiken einzugehen. Nicht heroisch, aber verständlich. Das Kabinett Papen ist sehr kompetent und wird möglicherweise eine Reihe hervorragender Verbesserungen einführen, aber wir Liberale haben alle das Gefühl, es bedeutet den Abschied von der Demokratie, von der Republik und von vielen anderen Dingen, die wir für den Fortschritt und die Humanisierung für wesentlich halten. *Was* für eine Chance ist vergeudet worden, Zentraleuropa zu einem Bollwerk von Freiheit und Fortschritt zu machen! Statt dessen sind wir zurückversetzt in bismarcksche Zeiten, ohne einen Bismarck. Ein trauriges Thema, und der arme Helmuth James empfindet es akut, wie alle liberal gesonnenen Leute. (S. 209f.)

Es ist interessant, dass schon vor der Novemberwahl die öffentliche Meinung davon auszugehen schien, dass Hitlers Chancen gesunken waren. Das bedeutete für die Mehrheit der Wähler jedoch nicht etwa eine Besinnung auf die Werte der Demokratie, sondern eine verstärkte Hinwendung zur KPD.

Berlin-Friedenau

Am 19.9.32 zieht Dorothy für mehr als ein halbes Jahr nach Berlin-Friedenau zu ihrem Mann, um mit ihm eine Biographie über Mary Baker Eddy, die Begründerin der *Christian Science*, ins Deutsche zu übersetzen. »Ich will Euch im Vertrauen sagen, daß der Y.T. strahlte, mich hier zu haben, was natürlich eine Genugtuung ist!« (S. 211)

Es fällt ihr schwer, Kreisau für so lange Zeit zu verlassen, doch als Anhängerin der *Christian Science* fühlt sie sich zu dieser Aufgabe verpflichtet. Trotz der schwierigen Ehe, die schon manche Trennung erlebt hat, scheint sie gern zu Muti zu ziehen: »Die kleine Wohnung hier ist ganz unprätentiös, aber warm, sonnig und behaglich.«

Montag, 10.10.32

Ihr habt beide so lieb und verständnisvoll über die Veränderung in meinem Leben geschrieben, nun da die Kinder alle mehr oder weniger erwachsen sind und ich Kreisau als permanenten Wohnsitz verlassen habe. Die Trennung schmerzt natürlich, und ich bin sicher, ich werde das Landleben immer dem Stadtleben vorziehen. […] Aber ich habe auch großes Glück, daß ich das Haus auf dem Lande halten kann und hingehen kann, so oft ich will. (S. 214)

Das Berlin ihrer frühen Ehejahre gehört der Vergangenheit an; im Herbst 1932 ist die Aufbruchsstimmung und kulturelle Vielfalt der zwanziger Jahre verflogen. Zwar herrscht in der Prachtstraße Unter den Linden noch die gewohnte gediegene Eleganz, doch im Lustgarten finden jetzt Kundgebungen von SA oder SS statt, Demonstrationen der Kommunisten sind an der Tagesordnung, die jüdische Synagoge in der Oranienburger Straße steht unter Polizeischutz. Im Stadtbild ist seit dem Berliner Bankenkrach von 1931 das Elend der Arbeitslosen nicht zu übersehen; öffentliche Suppenküchen versuchen, vor Hunger zu bewahren, vor den Kirchentüren sitzen Bettler.

Doch kann Dorothy in Berlin ihre Kinder sehen; sie geht mit Willo [Wilhelm Viggo] ins Konzert und besucht Helmuth James und Freya in ihrer kleinen Wohnung in der Bendlerstraße. Carl Bernhard geht in Berlin zur Schule, auch Asta ist zeitweilig dort. Dorothy freut sich, dass die Familie wieder vereint ist:

> Sonntag, 16.10.32
> Am Sonntag mittag waren Vater, Mutter und die zwei Kinder in einer Probe des Philharmonischen Orchesters unter Furtwängler – ganz himmlisch. Es war schön, Astas Begeisterung zu erleben. Ich fragte mich, ob Du es auch so genossen hast, mir damals in Paris die Wege zur Schönheit zu bahnen, wie ich es am Sonntag fühlte. Asta, die musikalisch ist, sang und pfiff die Motive noch den ganzen Abend danach und zeigte uns immer wieder, wie Furtwängler dirigierte. C. B. liebt Musik auch sehr, ist aber nicht musikalisch. (S. 215f.)

Dorothy verhehlt den Eltern nicht, dass sie sich große Sorgen um Carl Bernhards Versetzung und seine nächste

Zukunft macht. (S. 216) Doch zum Glück erfährt sie wenig später, dass er wahrscheinlich zu Ostern 1933 versetzt wird: »Der Lehrer sagte: ›es ist ein besonderer Fall, und wir sind gewillt, ihm ein Jahr zu geben, um aufzuholen.‹« (S. 222) Carl Bernhard wird dann zwanzig Jahre alt sein.

In Bezug auf Asta versucht sie, die Eltern zu entlasten, die auch die Ausbildung der Kinder finanziell unterstützen. An ihren Vater schreibt sie am 28.2.33 aus Berlin:

> Am Tag vor meinem Geburtstag mußten wir nach Eberswalde fahren, um Astas Schule zu besichtigen. [...] wir beschlossen, daß Asta nicht auf das Abitur hinarbeiten, sondern in Eberswalde ein halbes oder ganzes Jahr *Vertiefung*, wie sie es nennen, machen soll, das heißt Sprachen, Staatsbürgerkunde, Geschichte, Literatur, allgemeine Bildung sozusagen. Dann soll sie (nicht in Eberswalde) Haushaltung und Schneiderei lernen und nach hoffentlich einigen Monaten England Schreibmaschine und Stenographie. Eine akademische Laufbahn will sie nicht einschlagen, und so ist es nicht nötig, daß sie zur Universität geht. Im Moment denkt sie daran, ein Schneideratelier zu haben, aber in ihrem Alter ändern sich die Pläne leicht, und ich meine eher, daß sie am Ende Journalistin wird. Jedenfalls waren Eure Ausgaben für drei weitere Jahre Eberswalde nicht gerechtfertigt, und mir gefällt das jetzige Arrangement. Dir hoffentlich auch. (S. 225)

Freya berichtet, Helmuth James werde für zwei Tage nach Leipzig geschickt, um im Auftrag von Mowrers Zeitung *Chicago Daily News* über den Prozess vor dem Reichsgericht in Sachen Preußen gegen das Reich zu berichten; es ging um die Absetzung der Preußischen Regierung am 20. Juli 1932 durch die Regierung Papen. Helmuth James bekam Urlaub für diese ehrenvolle Aufgabe, die Mutter freut sich.

> Montag, 10.10.32
> Am Sonnabend waren wir zum Tee bei den zwei Lieben in ihrer lieben kleinen Wohnung. Der Junge ist stolz und an jedem Detail interessiert, jedem Topf, jeder Pfanne, jedem Besen, machte den Toast und erinnerte mich so sehr an seinen Vater in seinem Enthusiasmus für sein Eigentum. […]

Zum Glück scheint Helmuth James glücklich in seiner Ehe mit Freya, wie der kindliche Stolz auf seinen bescheidenen ersten Hausstand zeigt. In seinem ungewöhnlich arbeitsreichen Leben sind Momente der Entspannung wohl eher selten. Mit fünfundzwanzig Jahren, noch als Referendar, wird Helmuth James als fähiger Journalist angesehen, dem man in einem bedeutenden politischen Prozess ein klares juristisches Urteil zutraut. In der neben seinem Jurastudium betriebenen Verwaltung Kreisaus hat er in den vergangenen Jahren bewiesen, dass er komplizierte wirtschaftliche Situationen zu durchschauen vermag und Verhandlungsgeschick beweist. Diese Leistungen verdanken sich seiner vielseitigen Begabung und rastlosem Fleiß. Wie nebenher hat er gesellschaftliche Verbindungen und politische Kontakte in das europäische Ausland und nach Amerika hergestellt.

Friedenau, Sonntag, 16.10.32, Dorothy an den Vater:

> Ich finde oft starke Züge von Dir in dem Jungen, die mich tief berühren. Er ist in seinem Urteil weniger aus-

gewogen als Du, hat mehr von seines Vaters Ungestüm, aber oft sprichst Du aus ihm, wenn es sich um Ethik oder Recht gegenüber dem Opportunismus handelt. Ich merkte es deutlich am Donnerstag, als ich die Kinder besuchte. Ich wollte den Jungen kurz sehen, bevor er in sein Büro ging, und von seinen Eindrücken in Leipzig hören. Es war für ihn eine wunderbare, außerordentlich interessante Zeit, aber da er 16 Stunden am Tag arbeiten mußte, war er ziemlich erschöpft. Ich habe einige Exemplare der »Chicago Daily News« bestellt und werde Dir eines schicken, sobald sie angekommen sind, denn ganz abgesehen von Deinem persönlichen Interesse wird Dich die Rechtsfrage sicherlich interessieren. Er hatte großes Glück und sprach und interviewte alle juristischen Sachverständigen. Die besten Juristen des Reiches waren natürlich in Leipzig, kein gewöhnliches Publikum, weil die Frage zu kompliziert für den Laienverstand war. (S. 215)

Berlin, 29.10.32

Hier wird politisch nur ein Thema diskutiert: das Leipziger Urteil und seine Folgen. Der *Staatsgerichtshof* urteilte im großen und ganzen zugunsten Preußens und entschied, daß Braun und Severing weiter Minister sind – was für ein Durcheinander. Braun und Papen haben heute eine Unterredung bei Hindenburg, um einen modus vivendi zu finden. Die sozialdemokratische preußische Regierung hat sich musterhaft benommen und die Angelegenheit gar nicht von einem persönlichen oder kleinlichen Gesichtspunkt betrachtet. Sie hat alles vermieden, um Komplexitäten noch zu verschlimmern. (S. 217)

Dorothy berichtet über Besuche und Familienessen, über Konzerte und Gymnastikstunden, doch dann überwiegt in ihren Briefen wieder die Politik.

Berlin, 6.11.32

In welch traurigem Zustand sich die Welt befindet. Und jetzt halten wir den Atem an bis zu den Wahlresultaten und fragen, was geschieht dann. Eines ist ziemlich sicher, fraglos werden die Kommunisten große Gewinne erzielen. Sie haben keine Führer, sonst wären sie eine noch größere Bedrohung, als sie es jetzt schon sind. Wenn sich die Zeiten nicht ändern, kann ich nicht sehen, was auf die Dauer die Kommunisten daran hindern wird, die Macht zu ergreifen. Das wäre die Katastrophe; abgesehen von den Meriten ihres Glaubens und ohne wirklich starke Führer würden sie das gegenwärtige kapitalistische System vollständig zerstören, ohne etwas Konstruktives an seine Stelle zu setzen. Andererseits mißfallen mir die jetzigen Regierenden auch. Es ist die 1914er Mentalität – Verherrlichung des Krieges, Liebe für militärische Schaustellung, Selbstverherrlichung genannt »Nationalismus«, d. h. Patriotismus, und so weiter. Sehr demütigend für diejenigen – und ihrer gibt es viele –, die zu liberalen Grundsätzen und internationaler Verständigung neigen.

Dienstag, 8.11.32

Die Wahl ist sehr ruhig vorübergegangen. Wir freuen uns sehr über die Verluste der Nazis. Die Leute rätseln, was Hindenburg und Papen tun werden oder ob die Nazis jetzt gezwungen werden, zu amtieren und Verantwortung zu übernehmen. (S. 218)

Berlin, 22.11.32

Natürlich hat uns Hitlers Versuch, ein Mehrheitskabinett zusammenzubringen, den Atem verschlagen. Bis jetzt hat Hindenburg in dieser Krise sehr weise gehandelt, mehr wie sein »altes Ich« als während des Papenregimes. Alle rechten Parteien und Blätter ergingen sich in lauten Schmähungen gegen das »parlamentarische System«. Wir bräuchten eine »autoritative Regierung«, das Parteiensystem sei schwerem Mißbrauch offen, von einer »Regierung durch das Volk« zu reden sei der überholte Jargon des 19. Jahrhunderts usw. [...]

Ich persönlich glaube nicht, daß Hitler ein Kabinett bilden kann, er ist unfähig, mit anderen Männern zu arbeiten, es sei denn, sie gehorchen jeder seiner Launen und sprechen mit ihm in der dritten Person, wie man es hierzulande mit einem König tut! Am Sonnabend wurde er aufgefordert, mit den Führern der anderen Parteien zu verhandeln, doch bis Montag hatte er selbst *nichts* getan und nur seine rechte Hand, Göring, herumgeschickt, was natürlich alle sehr geärgert hat. Ich bin sicher, Hitler wird sich als große Niete erweisen. Danach werden seine enttäuschten Anhänger Kommunisten werden. (S. 218f.)

Berlin, 5.12.32

So, jetzt haben wir endlich eine Regierung, und außer den Nazis und Kommunisten sind alle gewillt, Schleicher eine Chance zu geben. Er muß ein sehr fähiger Mann sein – in der deutschen Geschichte gab es noch nie einen so jungen General –, aber wir müssen abwarten, ob er ein Politiker ist. Der Ruf geht ihm voraus, ehrgeizig zu sein und auf Schleichwegen zu seinen Zielen zu gelangen. Das ganze Gegenteil von Brüning [...]. (S. 220)

Berlin, 12.12.32

Für uns hat der Dezember einen großen Pluspunkt – Deutschlands Wiedereintritt in die Abrüstungskonferenz und die Tatsache, daß der heilige Versailler Vertrag grundsätzlich abgeändert worden ist. Das ist wahrhaft Grund zur Freude. Schleicher hält sich sehr gut und bemüht sich, Papens gewaltige Fehler wiedergutzumachen: er hat Unterredungen mit Gewerkschaftsführern, mit der verdrängten preußischen Regierung und mit anderen repräsentativen Körperschaften. Die Lage hat sich sehr gebessert, und die Leute machen reichliche Weihnachtseinkäufe, was ein gutes Zeichen ist. (S. 221)

Hindenburg hatte am 3. Dezember 1932 den Reichswehrminister Kurt von Schleicher (1882-1934) zum neuen Reichskanzler ernannt. Dieser versuchte, seiner Politik die Spaltung der NSDAP in einen gemäßigten Flügel unter Gregor Strasser und einen extremen unter Hitler zunutze zu machen. Er verfolgte den Plan einer »Querfront«, d.h. einer Verbindung der gemäßigten NSDAP mit den Gewerkschaften und Sozialdemokraten; Strasser wollte er an der Regierung beteiligen. Das Unternehmen misslang jedoch, weil Hitler sich gegen Strasser durchsetzte.

Berlin, 22.1.33

Für heute nachmittag ist eine riesige Nazidemonstration auf dem Bülowplatz geplant. Dazu müßt Ihr wissen, daß das Karl-Liebknecht-Haus, das kommunistische Hauptquartier, am Bülowplatz liegt; Ihr könnt Euch also vorstellen, was passieren kann. Natürlich ist es die reinste Provokation seitens der Nazis, aber die Regierung wollte vermeiden, ihnen durch ein Verbot der

Massenversammlung Grund zur Klage zu geben. So sah dieser Teil Berlins, das Zentrum der Stadt, wie ein bewaffnetes Lager aus, Polizei »beschützt« diese elenden Nazis mit Maschinengewehren, und die Dächer um den Bülowplatz strotzen vor Waffen und Männern. Das Ergebnis ist, daß die Kommunisten jetzt auch nach einer Demonstration am Mittwoch schreien.

Montag, 23.1.33

Der gestrige Tag ging ohne Blutvergießen vorüber, dank der Polizei, aber ich möchte wirklich, obwohl etwas beruhigter, all diese Naziführer loswerden, wie auch immer. In den letzten vierzehn Tagen gab es endlose Anstrengungen, Hitler oder einen seiner wichtigen Männer dazu zu bringen, in das Kabinett einzutreten oder mindestens die Regierung zu »tolerieren«, aber es nützt alles nichts, sie lehnen einfach ab, veranstalten Demonstrationen wie die gestrige, setzen sich in Positur und brüllen Gemeinplätze. Indessen stellen sie in Anbetracht ihrer Reichstagsmandate ein fürchterliches Hindernis dar. (S. 222)

Das Ende der Weimarer Republik war in atemberaubendem Tempo verlaufen. Nach dem Wahlsieg der Nationalsozialisten am 31. Juli 1932 hatte Hitler das Amt des Reichskanzlers beansprucht. Noch war Hindenburg dazu nicht bereit gewesen. Ein Misstrauensantrag des neu gewählten Reichstags gegen die Regierung Papen am 12. September 1932 hatte eine große Mehrheit gefunden; daraufhin war der Reichstag wiederum aufgelöst worden und Neuwahlen angesetzt.

In der Wahl vom 6. November 1932 verloren die Nationalsozialisten 4 %, die SPD 20,4 %, das Zentrum 11,9 %, die Staatspartei 1 %, dagegen gewann die KPD 16,9 % und die DNVP 8,3 % der Stimmen. Wieder waren die Gegner der Republik in der Mehrzahl; bemerkenswert ist der Zuwachs der Kommunisten auf Kosten der Sozialdemokraten und Nationalsozialisten. Eine parlamentarische Mehrheit für Papen kam nicht zustande, sodass er am 17. November zurücktrat.[92]

Nachfolger wurde Schleicher, der bisher aus dem Hintergrund die Fäden gezogen hatte. Hinter seinem Rücken hatte Papen Anfang Januar 1933 in geheimen Treffen mit Hindenburg, seinen Beratern und Hitler dessen Kanzlerschaft vorgeschlagen. Papen selbst gedachte als Vizekanzler zu fungieren. Die Idee war, Hitler zu »zähmen«, denn in seinem Kabinett sollten nationalsozialistische Minister in der Minderheit bleiben.

Hindenburg, der den »böhmischen Gefreiten« bisher abgelehnt hatte, ließ sich schließlich überzeugen. Damit war Schleicher entmachtet, nach nur acht Wochen trat er am 28. Januar als Reichskanzler zurück. Zwei Tage später ernannte Hindenburg Adolf Hitler zum Reichskanzler. Die Idee der »Zähmung« sollte sich bald als verhängnisvolle Illusion erweisen.

Paul von Hindenburg war am 10. April 1932 mit Unterstützung der Parteien der Weimarer Koalition (SPD, Staatspartei und Zentrum) zum zweiten Mal zum Reichspräsidenten gewählt worden. Widerwillig hatte er Brüning zuliebe erneut für das Amt kandidiert; er fühlte sich alt und überfordert. So überrascht es nicht, dass er dem Auftrag seiner Wähler nicht gerecht werden konnte, sondern den politischen Wünschen seiner Freunde und Vertrauten aus dem Milieu der ostelbischen Großgrundbesitzer folgte. Nach wie vor hing ihm der *Osthilfeskandal* an; er nahm Kanzler Schleicher übel, dass er ihn nicht in

Schutz genommen hatte, als Steuermanipulationen im Zusammenhang mit der Schenkung des Gutes Neudeck bekannt wurden.[93]

Vertreter der wirtschaftlich mächtigen Großindustrie, die Schleicher gerne weiter im Amt des Reichskanzlers gesehen hätten, hatten keinen Zugang zum Reichspräsidenten; ihnen war der Einfluss auf politische Entscheidungen der letzten Stunde verwehrt. So ergab sich die paradoxe Situation, dass in einer industriell hoch entwickelten Gesellschaft eine vorindustrielle Elite, die ostelbischen Junker, die Politik bestimmten.[94] Festzuhalten bleibt allerdings, dass mehr als ein Drittel der Deutschen die NSDAP gewählt hatte, Hitler also rechtmäßig nach der Weimarer Verfassung zum Reichskanzler berufen worden war.

Berlin, 30.1.33

So ist nun Hitler doch Reichskanzler. Die Lage ist sehr ernst, weil praktisch alle Mitglieder des neuen Kabinetts darauf aus sind, die Verfassung zu brechen. Sie sind ein fürchterlicher Haufen. Es mag sich am Ende natürlich als günstig erweisen, wenn diese inkompetenten Reaktionäre ein solches Durcheinander anrichten, daß ihre Heiligenscheine verschwinden. Aber was wird das kosten? Und ich befürchte, die Konservativen und eine große Anzahl Nazis werden nichts lernen, wie schreiend die Inkompetenz und Verantwortungslosigkeit auch sein mögen, und den Fehler dann anderswo suchen. Es ist sehr traurig. Und da sind wir nun 14 Jahre nach der Revolution.

Berlin, Sonntag, den 12.2.33

Wir leben wirklich in einer Atmosphäre, in der die Macht durchaus an die Stelle des Rechts getreten ist.

> Das ist natürlich bei einer Diktatur unvermeidlich, d.h. bei einem starken Mann mit *Ideen*, einem Plan des Aufbaus, einer bestimmten Politik. Stattdessen haben wir ein Kabinett von Männern, die einander mißtrauen, die keine Ideen haben – außer der, die »Marxisten« zu unterdrücken – und die sich beeilen, ihre Parteileute in alle verantwortlichen Ämter zu setzen. Es wird interessant sein zu sehen, was uns der 5. März bringt. Die Tragödie ist, daß es keine mittlere Partei mehr gibt; in England ist es ähnlich, wo es praktisch nur noch die konservative und die sozialistische Partei gibt, nur daß natürlich hier alles 100% ernster ist, mit weniger Gleichgewicht, fanatisch. Das Zentrum ist eine Mittelpartei, wird aber nur von Katholiken gewählt. So gibt es also keine Partei der Mittelklasse, die den Gewerkschaften und dem Proletariat helfen könnte. Es gilt als sehr wahrscheinlich, daß die Kommunistische Partei wenige Tage vor den Wahlen ganz verboten wird. (S. 223)

Dorothy hatte den Ernst der Lage besser erkannt als manche Journalisten und Politiker, die darauf vertrauten, Hitler nun durch den Vizekanzler Papen und den mächtigen Minister für Wirtschaft und Landwirtschaft, Alfred Hugenberg, »eingerahmt« zu sehen. Schließlich standen im »Kabinett der nationalen Konzentration« den drei Nationalsozialisten neun konservative Minister gegenüber. Auch Vertreter der Großindustrie erlagen der Illusion, Hitler nach ihren Vorstellungen lenken zu können. Die Bevölkerung wiederum war der ständigen Wahlen und Regierungswechsel so müde, dass die Ernennung Hitlers zum Reichskanzler am 30. Januar 1933 keinen besonderen Eindruck hinterließ. In der *Wochenschau* wurde die Nachricht als letzter Beitrag nach dem Sport gebracht.[95]

Hitler jedoch hatte zwei wichtige Ressorts mit seinen Leuten besetzen können: das Reichsinnenministerium wurde Wilhelm Frick zugesprochen, Hermann Göring als Minister ohne Geschäftsbereich wurde kommissarischer preußischer Innenminister und erhielt damit den Zugriff auf die dortige Polizei, eine wichtige Voraussetzung für die Errichtung einer Diktatur.

Am 1. Februar 1933 hatte Hitler von Hindenburg die Auflösung des Reichstags gefordert. Neuwahlen waren für den 5. März angesetzt.

In ihrem Brief vom 12.2.33 vermisst Dorothy einen »starken Mann mit *Ideen*, einen Plan des Aufbaus, einer bestimmten Politik«. Da sie wie immer genau hinschaut, hatte sie Hitlers *Mein Kampf* gelesen[96], doch kann sie sich nicht vorstellen, dass die darin geäußerten Ansichten und politischen Ziele ernst zu nehmen seien. Mit dieser irrtümlichen Einschätzung stand sie nicht allein.

Hitler als »Programmierer« und »Politiker«

Doch nun vertritt Hitler als Reichskanzler ein ganzes System von *Ideen*, eine geschlossene Ideologie, die sich seit Erscheinen des Buches 1925/1926 nicht wesentlich verändert hat. Radikaler Antisemitismus, die Überzeugung von der Überlegenheit der arischen Rasse und die Forderung von »Lebensraum« im Osten auf Kosten Russlands werden die bestimmenden Elemente seiner Politik. Hitler sah sich selbst als eine seltene Mischung aus »Programmierer« (oder Theoretiker) und »Politiker«, der die *Idee* praktisch verwirklicht. In seinem Programm sah er sich im Dienste einer »Mission«, von der »Vorsehung«

ausersehen; sein von tiefem Hass bestimmtes Vorgehen gegen die Juden betrachtete er als Kreuzzug.[97] Hitlers Glaube duldete keine Alternativen, fanatisch vertrat er seine »Grundwahrheiten«. Als begnadeter Redner gelang es ihm, die Menschen in seinen Bann zu ziehen; nicht viele konnten diesem Sog widerstehen. Wie Adolf Hitler als »Politiker« vorging, um schnell und effektiv eine Diktatur zu errichten, sollte Dorothy bald erleben. Dabei verließ er sich auf seinen treuen Paladin Hermann Göring, den zweiten Mann im Staat.

Hamburg, Sonntag, 5.3.33

Keiner glaubt, daß die Kommunisten den Reichstag angesteckt haben, aber die wenigen Zeitungen der Opposition, die es noch gibt, sind dermaßen geknebelt, daß sie nur noch Tatsachen bringen und auch diese wohlüberlegt, da sie sonst sofort verboten werden. Es ist wirklich ein fürchterlicher Zustand. [...] Göring hat die Initiative, und anscheinend können ihm weder Hitler noch irgendwer sonst Einhalt gebieten. Er ist machthungrig. Was die konservativen Kabinettsmitglieder tun werden, weiß ich nicht, wahrscheinlich warten sie ab, was die Wahlergebnisse bringen.

Dienstag, 7.3.33

Ich muß sagen, die Wahlresultate haben mich erstaunt – und betrübt. Ich hätte es nicht für möglich gehalten, daß 17 Millionen gutheißen würden, was die Nazis bisher getan haben. Natürlich gibt es keine oppositionelle Propaganda, keine Reden, Aushänge oder Zeitungen, so daß es kein ehrlicher Kampf war. Zentrum und Sozialdemokraten haben ihre Wähler behalten und gar nichts verloren. Aber der Gedanke ist trotzdem fürchterlich, daß 17 Millionen dafür sind, die parlamentarische Staatsform, demokratische Gepflogenheiten und die allgemeine Gleichheit vor dem Gesetz und der Polizei abzuschaffen. Es ist eine unblutige Revolution – Preußen hat aufgehört, souverän zu sein, jetzt folgen die Hansestädte, die republikanische Flagge wird nicht mehr gezeigt, und man hat uns weitere »Verfassungsänderungen« versprochen. Jetzt hängt alles davon ab, ob Hitler jene 17 Millionen enttäuscht oder nicht. (S. 226f.)

Der Reichstagsbrand, verursacht von einem jungen holländischen Anarchisten, gab den Nationalsozialisten den Vorwand, mit der Notverordnung des Reichspräsidenten »zum Schutze des deutschen Volkes« die Grundrechte der Weimarer Verfassung aufzuheben und die Arbeit der KPD und der SPD einschließlich ihrer Zeitungen zu verbieten. Tausende oppositionelle Politiker, Gewerkschafter, Journalisten, Schriftsteller und Künstler wurden verhaftet oder zur Flucht gezwungen.

Nachdem die NSDAP zusammen mit der DNVP am 5. März 1933 die absolute Mehrheit erreicht hatte, entmachtete sich am 23. 3. das Parlament selbst mit seiner Zustimmung zum sogenannten »Ermächtigungsgesetz«, nur die Abgeordneten der SPD unter Otto Wels stimmten dagegen. Damit erhielt die Regierung Hitler diktatorische Vollmachten. Am 31. März und 7. April wurde die föderale Struktur der Weimarer Republik zerstört; die Länderparlamente wurden aufgelöst und »Reichsstatthalter« eingesetzt.

Weitere Stationen auf dem Weg zur »Gleichschaltung« von Staat und Gesellschaft waren nach einem Gesetz vom 1. April 1933 der Boykott jüdischer Geschäfte, Arztpraxen und Anwaltskanzleien. Darauf folgte die »Säuberung« des Staatsapparats von Juden und politisch »Unzuverlässigen« durch das »Gesetz zur Wiederherstellung des Berufsbeamtentums« vom 7. April. Am 2. Mai wurden die Gewerkschaften zerschlagen; am 10. Mai brannten die Bücher auf dem Berliner Opernplatz. Darauf folgte die Auflösung der bürgerlichen Parteien sowie das Verbot der SPD im Sommer 1933. So war nach nur einem halben Jahr die Diktatur fest etabliert: das »Gesetz gegen die Neubildung von Parteien« vom 14. Juli 1933 erhob die NSDAP zur Staatspartei.

Berlin, Dienstag, 28.3.33

[...] An der Oberfläche sieht alles ganz ruhig und ordentlich aus, die Läden sind offen, »sogar« große Kaufhäuser wie Wertheim, und für mich ist der auffallendste Unterschied, daß so viele sozialdemokratische und kommunistische Zeitungen fehlen, dazu der Mangel an Nachrichten, Meinungen oder Schwung in den Zeitungen, die früher dagegen waren und noch geduldet werden. Man kann keine Opposition mehr in ihnen entdekken, und es lohnt sich kaum, sie zu lesen. Jedoch geht wahrscheinlich hinter den Kulissen viel mehr vor sich. Die Nazis sind, jedenfalls im Augenblick, ausgesprochen anti-monarchistisch, die Konservativen bekennen sich zum Monarchismus. Sogar konservative hohe Beamte werden entlassen und durch Anhänger der Nazis ersetzt, Ärzte in öffentlichen Krankenhäusern und Schauspieler und Schauspielerinnen in Staatstheatern werden massenweise entlassen mit der Begründung, daß sie Juden sind. Andererseits scheinen Geschichten von »Brutalitäten« übertrieben gewesen zu sein und haben, soviel man weiß, sowieso jetzt aufgehört, obgleich man natürlich ohne freie Presse sehr wenig weiß. Es ist eine äußerst demütigende Lage und eines Volkes mit Selbstachtung so unwürdig. (S. 228f.)

Die Familie in der Diktatur

Dienstag, 4.4.33

Es ist *sehr* schön, wieder in Kreisau zu sein, wo wir alle wirklich heimisch sind, und es hat den weiteren Vorzug, von den politischen Ereignissen entfernt zu sein, und da ich jetzt außer meiner englischen Wochenschrift und einem kurzen Blick auf Mamsells Lokalblatt keine Zeitungen lese, kann man manchmal vergessen, was in diesem unglücklichen Land vorgeht. (S. 229)

In den plötzlich so schwierigen Zeiten ist Dorothy als Mittelpunkt der Familie aufs Neue gefordert, und sie stellt sich den Anforderungen, ohne zu zögern. So kann sie den Frieden in Kreisau nur wenige Wochen genießen, denn ihr Mann Helmuth braucht sie dringend in Berlin.

Friedenau, 30.4.33

Donnerstag abend bin ich in Berlin angekommen und habe das Gefühl, der Y.T. hat mich momentan sehr nötig; er ist über die Zustände bestürzter, als ich es für möglich gehalten hätte, so daß es für ihn sehr gut ist, daß ich da bin und er mit mir reden und sein Herz erleichtern kann. Der Arme. Auch seine Arbeit ist im Moment sehr schwierig und verantwortungsvoll, denn die Behörden betrachten alles, was so fremd und *undeutsch* ist wie C[hristian] S[cience], mit großem Argwohn, und da sie im Begriff sind, das Alte Testament und manche der Episteln als vom jüdischen Geist beseelt aus den Schulen zu verbannen, weiß man nie, was als Nächstes kommt, und genau das ist die Aufgabe des Y. T., d. h. zwischen der Regierung und der C.S.-Organisation zu vermitteln.

Auch auf Helmuth James kommen Probleme zu. Mehrfach hatte er sich in seinen Briefen angeekelt und resigniert über die neuen Zustände geäußert, auch als Journalist in der Diskussion mit nationalsozialistischen Funktionären war sein Unverständnis für die neue Doktrin deutlich geworden.[98] An seiner Gesinnung konnte kein Zweifel bestehen.

Ich füge einen Ausschnitt aus der »Times« bei, der Euch zeigt, daß es für den Jungen vielleicht sehr schwierig sein wird, Richter zu werden, nachdem er seinen Assessor hinter sich hat. Gestern stand in unseren Zeitungen, alle erfolgreichen Kandidaten würden vom Justizminister ein zweites Mal unter dem »nationalen Gesichtspunkt« geprüft, d. h. ob sie Nazis sind oder nicht. Das sieht natürlich für den Jungen schlecht aus, und es ist durchaus möglich, daß sich die Dinge so entwickeln, daß er und Freya Mutters Einladung annehmen, Euch nächste Weihnachten zu besuchen. Jetzt kann man natürlich noch nicht klar sehen und muß den Lauf der Dinge einfach abwarten. Man kann keine Pläne machen. Das Ärgste an diesem *bouleversement*[99] ist, daß man Schwierigkeiten hat, innerlich auf andere und ersprießlichere Themen umzuschalten; man ist wie hypnotisiert und kann an nichts anderes denken und von nichts anderem sprechen, und das ist müßig und unfruchtbar. […]

Der Durchschnittsbürger, der nicht zufällig jüdische Bekannte hat, hat keine Idee davon, was diesen Unglücklichen widerfährt. Wenn er irgendeine Geschichte hört, hat er von seinen Zeitungen gelernt, es als »Greuelmärchen aus dem Ausland« abzutun, und da es besondere Laiengerichte für Greuelgeschichten gibt und die Angeklagten 1 bis 3 Jahre Gefängnis für das Verbreiten von Greuelgeschichten bekommen, könnt Ihr Euch vorstellen, daß die Leute sich vorsehen, über solche Dinge zu sprechen. Es ist überhaupt eine Offenbarung zu sehen, wie ein Volk hypnotisiert werden kann, gewisse Dinge zu glauben. Es geschieht alles durch Slogans und Suggestion, und nur die Aufgeklärten können sich von diesem Miasma befreien, und selbst ihnen fällt es schwer. (S. 231f.)

Friedenau, 15.5.33

Der Junge hat alle Lust zu seiner Arbeit am Kammergericht verloren, weil selbst dort kein »gerechtes Urteil« mehr ergeht, um mit der Bibel zu sprechen. Und er und Freya sagen, wie auch hunderte von anderen Jurastudenten: Was nützt es, etwas zu studieren, das von Monat zu Monat überholter ist? Wir alle leben sozusagen von der Hand in den Mund – nicht materiell aber geistig – und fragen uns, was das Nächste sein wird. (S. 234)

Auch der spätere Architekt Wilhelm Viggo ist von den neuen Verhältnissen betroffen.

Friedenau, 22.5.33

Der geschäftliche Teil von Willos Arbeit ist noch ganz ungeklärt. Der Grund ist, daß diese *Siedlung*, Frieden-

> thal, einem Juden gehört, einem Herrn Solomon, und daß daher alles ungewiß ist; die Leute bauen auch nicht, alle sind ängstlich und übervorsichtig, und der Plan für ein weiteres Haus, das der Architekt Block renovieren und umbauen sollte, hat sich auch zerschlagen, da der Eigentümer, der nach Holland umgezogen – oder geflohen? – ist, schreibt, ihm liege momentan nichts daran, in Deutschland Geld zu investieren. Eine Nemesis, die wir alle vorausgesehen haben, die aber unschuldige Opfer wie Block und Willo hart trifft. Er lernt aber eine Menge bei seiner Arbeit mit Block, und da ihn die Hochschule beurlaubt hat, wird ihm das Semester sogar angerechnet, so daß die Vorteile mannigfaltig sind. (S. 235)

Zum wiederholten Mal haben die Großeltern Helmuth James, nun zusammen mit Freya, nach Südafrika eingeladen, und jetzt hält Dorothy den richtigen Zeitpunkt für gekommen. Sie bittet ihren Vater herauszufinden, wie am Kap die Bestimmungen für Ausländer sind, die juristische Examen brauchen.

Das Assessorexamen ist nicht vor dem Frühjahr 1934 zu erwarten, und es stellt sich die Frage, ob Helmuth James als »Nichtnazi« jemals eine Stelle bekäme bzw. ob ein unter dem Naziregime erworbener »Assessor« etwas wert sei. Helmuth James und Freya dächten daran, sich »auf eigene Faust« in Südafrika umzusehen, um Arbeit zu finden; sie verfügten über genügend Geld für ein bescheidenes Auskommen – »wir alle sind uns darüber einig, daß er einige Jahre ins Ausland gehen muß, wenn hier nicht in der Rechtsprechung erhebliche Veränderungen eintreten« (vgl. Brief vom 27.5.33).

Friedenau, 25.6.33

Ich weiß nicht, ob Ihr wißt, was für ein Segen Eure Einladung für Helmuth und Freya ist. Das macht ihre Zukunft, für das nächste Jahr oder so, harmonisch und ordentlich. Seht Ihr, so können sie sich Zeit nehmen, endgültig zu entscheiden, was sie mit ihrem Leben anfangen wollen, und es ist sicher eine große Hilfe für sie, eine Weile außer Landes zu sein, die Dinge leidenschaftslos zu betrachten – was hier schwierig ist – und mit Euch zu besprechen. Mittlerweile lernen sie fließend Englisch, und der Junge wird entweder Jura studieren oder was er sonst für nützlich hält, und glücklicherweise haben sie genug, um *sehr* bescheiden davon zu leben. (S. 240)

Friedenau, 2.7.33

Die Sensation dieses Briefes ist, daß der Y.T. morgen nach Amerika abreist! Natürlich Boston und ein offizieller Besuch, denn es gibt so viel zu besprechen und zu diskutieren. Schön für ihn, diese Abwechslung zu haben. Am 4. August wird er wieder hier sein und so viel Arbeit vorfinden, daß die Chance, nach Kreisau zu kommen, immer geringer wird.

C.B. [Carl Bernhard] fuhr Freitag abend strahlend ab. [...] Willo und ich haben ihn an die Bahn gebracht. In Köln hat er seine Reise unterbrochen und müsste heute früh in Paris eintreffen.

Donnerstag abend kam Asta und fuhr heute nachmittag wieder ab, um ihre frühere Zimmergenossin Esther Arnim in Frankfurt a.O. zu besuchen; ich erwarte sie in Kreisau gegen Ende der Woche. Sie sieht sehr gut aus und war bester Laune und sehr froh, wieder bei der Familie zu sein. So seht Ihr, daß die letzten Tage bewegt waren, was alles herrlich war, aber etwas anstrengend, und ich freue mich mehr denn je auf Kreisau und habe vor, dort sehr faul zu sein. Natürlich ist das Leben jetzt eine einzige Anstrengung, denn erstens befinden wir uns mitten in einer Revolution, die genau so wichtig ist wie die russische, und schon das strapaziert einen, und dann macht einen der Umstand, daß man weder Enthusiast noch Teilnehmer an dem Spiel ist – mag mir der Herr den Ausdruck verzeihen –, zum Außenseiter und politisch heimatlos. Auch das ist sehr schwierig. Wir bemühen uns alle, die Politik und das Gespräch darüber zu vermeiden, denn es macht einem nur das Herz schwer und hinterläßt einen schlechten Geschmack. [...] Was für ein Segen, eine so erfreuliche und harmonische Familie zu haben, in der man immer Zuflucht vor den Strapazen der Außenwelt findet. (S. 241f.)

Kreisau, 8.7.33

Hier sitze ich auf der Veranda, die Reichenbachhügel vor mir, den Zobten zur Linken, die Eule zur Rechten. Ein solches Bild des Friedens, der Fruchtbarkeit und Anmut. Der Garten sieht herrlich aus, denn wir hatten viel Regen, und der Fingerhut, den es in Mengen gibt, ist so hoch wie ich. Rittersporn und Nelken machen auch was her, und der Garten hat sich wirklich großartig gemacht. [...] Freya habe ich drei Tage ganz für mich gehabt. Sie ist ein entzückendes Geschöpf und genau die richtige Frau für Helmuth. Sie liebt das Berghaus – sie tun es beide. [...] Daddy wird sie bezaubernd finden. Sie ist so spontan und warmherzig, klug und attraktiv. Ihr werdet es beide genießen, die Kinder bei Euch zu haben. (S. 244)

Carl Bernhard fährt wegen eines Schüleraustausches von vier Wochen strahlend nach Paris ab, Asta sieht gut aus und freut sich auf einen Besuch – die Kinder haben ihr eigenes Leben und arrangieren sich viel leichter mit den Verhältnissen. Muti darf in wichtigem Auftrag nach Amerika fahren, Dorothy gönnt es ihm. Doch woher soll sie die Kraft nehmen, um die warme und herzliche Stimmung in Kreisau zu bewahren? Sie hat nichts Eigenes, kann nicht einmal »Teilnehmer an dem Spiel« sein, denn die Verantwortung für die Familie verbietet ihr, sich offen gegen das System zu stellen. Es passt nicht zu ihrem aktiven Charakter, zum Zuschauen gezwungen zu sein, sie fühlt sich ausgegrenzt und ausgeschlossen. Sie empfindet das Leben als zunehmend »anstrengend«. So will sie in Kreisau »sehr faul« sein, sich erholen, und sie weiß sich zu helfen:

Kreisau, 22.7.33

Das Wetter ist warm und sonnig und angenehm, die Abende sind lang, und ich habe, glaube ich, das Berghaus noch nie so geliebt. Man ist so dankbar für diesen friedlichen Hafen, und ich glaube, kaum etwas auf der Welt ist für jede Mühe so dankbar wie ein Garten. Heute bin ich früh um 6 aufgestanden und habe vor dem Frühstück 1½ Stunden im Garten gearbeitet, da es über Tag für anstrengende Arbeit zu heiß draußen ist. Ich freue mich auf das angekündigte Buch, ich sehne mich nach einem guten Roman. (S. 246)

Kreisau, 12.8.33

Mutter erfaßt die Situation ganz richtig. Was für ein Segen, daß sie letzten Winter hier war und sich so ein Bild machen kann. Man kann es sonst nicht, denn außer in

> Rußland und vielleicht in Italien hat es nichts so »Totales« gegeben wie hier, und natürlich erhöht die teutonische Gründlichkeit noch den Druck. (S. 248)
>
> Kreisau, 20.8.33
>
> Gestern war Frede Ilse ganz kurz für 30 Stunden auf dem Weg nach Schätz hier, dem Sitz ihrer Familie. Sie und C.V. [Carl Viggo von Moltke, Schwager Dorothys] billigen natürlich vieles von dem nicht, was geschehen ist, aber sie sagen: «Schließlich ist es eine Revolution«, und es gibt Aspekte der Bewegung, die sie es wert finden zu unterstützen. Ich meine natürlich auch, daß man unglückliche Vorfälle nicht zu ernst nehmen soll, denn wir *befinden* uns mitten in einer Revolution, und die Russische und die Französische Revolution waren hundertmal schlimmer. Ich bin aber gegen den Faschismus als Glaubensbekenntnis, damit aber finden sich die C. V.s leichter ab. Ich meine, wir haben wirklich die Uhr um 100 Jahre oder mehr zurückgestellt, und sie meinen, daß, wenn der Faschismus auch nicht ideal ist, er doch besser sei, als was sonst möglich war. Sie glauben sogar an das Schreckgespenst des Bolschewismus, was ich nicht tue. Natürlich war Deutschland nicht reif für die Demokratie, und diese Unreife plus schwerer Wirtschaftsnot war zu viel für das Volk. (S. 249)

Der grundsätzliche Konflikt ging nicht nur durch die Familie der Moltkes. Es war eine Frage der Moral und des Charakters. Vielen war das Hemd näher als der Rock, sie wollten auch unter dem Hakenkreuz gute Richter, Wissenschaftler und Beamte sein, ein Leben in gesellschaftlicher Anerkennung führen. Nicht alle machten sich klar, dass sie durch ihr opportunistisches Verhalten das System stabilisierten. Damit trugen sie indirekt zu den Verbrechen der späteren Kriegsjahre bei.

Wie recht hat Dorothy mit der Bemerkung, dass der Faschismus die historische Uhr zurückgestellt habe. Als aufgeklärte und gebildete Frau hatte sie nach dem Krieg auf die Überwindung des kleingeistigen Nationalismus gesetzt und den Völkerbund begrüßt, der in letzter Konsequenz einen Weltfrieden anstrebte. Nun muss sie zu ihrem Schrecken erfahren, dass Deutschland im Oktober den Völkerbund verlassen hat.

> Berlin, 16.10.33
>
> Das ist alles fürchterlich ernst, und das Schlimmste ist, daß man zu den Männern an der Spitze kein Vertrauen hat. Ich bin sicher, daß es dabei mehr innenpolitische Gründe gab als den Zweck, auf die anderen Staaten Druck auszuüben, und von daher ist es für den Augenblick vermutlich ein sehr schlauer Schachzug. Aber es ist natürlich ein Spiel mit dem Feuer, und wenn es einen Brand gibt, sind wir es, die dafür zahlen, das ist das Schlimme. Persönlich glaube ich zur Zeit nicht an eine akute Gefahr, aber bei Diktatoren besteht immer die Gefahr, daß sie die Vorsicht in den Wind schlagen und alles auf eine fixe Idee setzen. (S. 253)

Ermutigend dagegen scheinen die Nachrichten über die Situation der protestantischen Kirche zu sein:

> Berlin, 19.11.31
>
> Innerhalb der protestantischen Kirche in Deutschland geht eine höchst interessante und wichtige Auseinandersetzung vor sich, zwischen den nicht-regierungshörigen Mitgliedern und den »Deutschen Christen«, die

> eine rein politische und fügsame Körperschaft sind. Die »Deutschen Christen« gewannen die erste Runde: Der Reichsbischof, ein Mann, der aller Liebe und Vertrauen genoß, wurde zum Rücktritt gezwungen und Bischof Müller, Hitlers Freund, trat an seine Stelle. Seitdem tobt der Kampf, und die protestantische Kirche scheint die einzige Körperschaft zu sein, die imstande ist, den Machthabern etwas Widerstand entgegensetzen zu können. Seit ihrer ersten Niederlage haben sie wichtige Zugeständnisse erlangt und wachsen natürlich täglich an Gnade und geistiger Kraft, so daß die Aussicht besteht, daß sie gewinnen. Das wäre nicht nur ermutigend und hoffnungsvoll, sondern zeigt auch, daß trotz dem modernen wissenschaftlichen Denken die Religion immer noch die stärkste Empfindung der Menschen ist. Und daß diese, trotzdem wir von unserem »materialistischen Zeitalter« und dem »Versagen der Kirche« sprechen, doch vielen immer noch mehr als alles andere bedeutet. (S. 260)

Reichsbischof Friedrich von Bodelschwingh (1877-1946) trat am 24. Juni 1933 wegen der mangelnden Unterstützung durch die in sich uneinige Kirche zurück. Ihm folgte der Königsberger Militärpfarrer Ludwig Müller, ein Nationalsozialist.[100] Die »Deutschen Christen« verstanden sich als »völkische Nationalkirche«. Der Gleichschaltungspolitik des Regimes folgend, übernahmen sie den »Arierparagraphen« in die Kirchenverfassung, um »Judenchristen« ausschließen zu können; ein weiteres Ziel war die »Entjudung« der Bibel. Im Kampf gegen diese Entstellungen der Lehre wehrte sich die protestantische Kirche mit dem von Martin Niemöller und Dietrich Bonhoeffer im September 1933 gegründeten »Pfarrernotbund«, einem Vorläufer der »Bekennenden Kirche«, die im Mai 1934 ihre oppositionelle Arbeit aufnahm.

Berlin, 21.10.33

Gestern waren zwei Freunde des Y.T. zum Mittagessen hier. Er ist Bank-Manager in Königsberg, und sie ist eine Schülerin des Y.T. vom letzten Jahr. Sie sind wirklich beide sehr nett und – enthusiastische Nazis. Es ist ganz lehrreich, wie sich jeder (in der Religion ist es dasselbe) den Teil aussucht, der ihm zusagt, und den Rest ignoriert. Die Kübarts reden überschwenglich über den wunderbaren Geist von Selbstaufopferung und Idealismus in der Weltanschauung und ignorieren alles übrige. Unbestreitbar gibt es viel Idealismus in der Bewegung, besonders unter der Jugend, das ist die Stärke ihrer Anziehungskraft – Selbstaufgabe, Kameradschaft, Selbstdisziplin – das ist die idealistische Seite. Die Kehrseite der Medaille brauche ich nicht zu schildern, Ihr kennt sie, und außerdem könnte es unangenehme Folgen haben! Es wird interessant sein, das Urteil der Geschichte über Hitler zu lesen. Ich muß sagen, vieles an ihm ist bewundernswert, obgleich ich bezweifle, daß er ein starker Mann ist. Ihr wißt wohl, daß er weder trinkt noch raucht oder Fleisch ißt und nie einen Hut trägt. Ich habe ihn nie gesehen, aber im Bild sieht er alles andere als begeisternd aus, auch wenn er eine sehr gewinnende Persönlichkeit haben muß, für manche Typen jedenfalls.[101] (S. 254f.)

Berlin, 5.11.33

Ich war sehr bestürzt, als ich gestern einen Brief von Jowo bekam, er sei gerade der S.A.[102] beigetreten. Das erscheint mir ganz unnötig, aber er ist 24 und muß wis-

> sen, was er tut. Wenn C.B. einträte, fände ich es ganz natürlich und richtig, da er immer mit den Nazis sympathisiert hat. Jowo meint, es sei gut für seine Zukunft, und hat ganz bewußt sein Urteil und seine Vernunft abgeschaltet und ist entschlossen, »das Beste daraus zu machen«. Schnitzlers[103] sind Nazis – ihr riesiger chemischer Betrieb I.G. Farben, wo er Direktor ist, macht riesige Profite an der unglaublich großen Nachfrage nach braunen Hemden und Nazifahnen –, und das hat ohne Zweifel seine Bedenken zerstreut, zumal er dort viele Nazis trifft und nie Kritik hört oder liest. Wir hingegen hören und lesen kaum etwas anderes. Ich gebe zu, es ist mißlich, fruchtlos und bringt nichts ein, so von ganzem Herzen gegen die Machthaber zu sein, und ich wünschte, besonders für Helmuth James und Willo, es wäre nicht so, aber das ist Daddys Einfluß, wir sind alle unfähig zu Kompromissen mit unserem Gewissen, und das ist, was mir an Jowos Haltung mißfällt, obwohl sie sich wahrscheinlich als höchst nützlich bei der Erlangung eines Postens erweisen wird. (S. 258)

Dorothy kann sich, wenn auch widerwillig, mit der Entscheidung Joachim Wolfgangs abfinden, als sie von Helmuth James und Freya hört, dass man eintreten muß, wenn man eine staatliche Anstellung anstrebt. Deshalb wird Helmuth James nicht Beamter, und Wihelm Viggo hat Glück, weil er in einem »freien« Beruf arbeitet.

Nach wie vor versorgt Dorothy ihre Eltern getreulich mit Nachrichten über ihre Kinder, nicht zuletzt, weil auch finanziell Rechenschaft abzulegen ist.

Berlin, 11.12.33

Jowo, der Glückspilz, schreibt, daß er sehr nette Engländer in Frankfurt kennengelernt hat, und sie haben ihn eingeladen, das nächste Mal, wenn er in London ist, bei ihnen zu wohnen, und der Mann ist einer der Manager der Standard Bank!

Willo gedenkt, bald nach Weihnachten nach Eton abzureisen. Im Moment hat er doppelte Arbeit, einmal als Student der Technischen Hochschule und dann als Blocks Assistent. Er verdient jetzt sogar etwas Geld und hat gerade ein Büro für Carl Deichmanns Bank eingerichtet, wofür er 10% der Kosten der Möbel bekommen hat. Carl hat Freya erzählt, daß die Arbeit bewundernswert war, das ist also sehr befriedigend. […]

Ich wünschte, ich könnte von C.B. dasselbe sagen, der sich solche Mühe gibt und so bedauerlich wenig Erfolg hat. […] Er kann nicht versetzt werden, wenn er in seinen Hauptfächern [nicht] mehr als ein »ungenügend« hat, und das bedeutet viel schwere Arbeit, und er arbeitet schon so viel, aber ich habe das Gefühl, er weiß nicht recht, wie und auf was er sich konzentrieren soll. (S. 262f.)

Asta ist glücklich, dank der finanziellen Unterstützung der Großeltern bis Ostern 1934 im Internat Eberswalde bleiben zu dürfen.

Montag, 18.9.33

Danach, denke ich, 9 Monate in der *Haushaltungsschule* bei München (Kochen, Hausarbeit, Wäsche, Gartenarbeit und Geflügelzucht), und dann vielleicht 3 Monate in Berlin, um Schreibmaschine und Stenographie zu lernen, und dann im Sommer 1935 nach England, wenn das alles möglich ist. Jedenfalls macht es Spaß, es zu planen. [...] Zum Glück ist sie sehr tüchtig in aller praktischen Arbeit und dürfte es nicht schwer finden, mindestens ein Taschengeld zu verdienen. (S. 251)

Helmuth James hatte sich entschieden, die Reise nach Südafrika nicht vor dem Assessorexamen anzutreten, das für das Frühjahr 1934 zu erwarten war. Davor allerdings hatte er noch einen Lagerdienst zu absolvieren – den Nationalsozialisten war daran gelegen, alle »Volksgenossen« im Sinne einer »Umwertung aller Werte« umzuerziehen. Wer später eine besondere Aufgabe in der »Volksgemeinschaft« übernehmen wollte, konnte daher ein Erziehungslager nicht vermeiden; das galt auch für Rechtsreferendare. Helmuth James war vom 9. Dezember 1933 bis 5. Februar 1934 einem Lager auf dem Truppenübungsplatz bei Jüterbog, nicht weit von Berlin zugewiesen. Dorothy ist als Mutter besorgt, als sie über Freya von den näheren Umständen erfährt:

Berlin, 11.12.13

Er schläft und wohnt in einer Stube mit 28 anderen, und es ist so kalt, daß sie ihren eigenen Atem sehen können. Der Arme, es ist eine scheußliche und ganz überflüssige Erfahrung; aber zum Glück dauert es nicht sehr lange, und sicher hat er, einfach durch seine Persönlichkeit, sehr bald einen guten Einfluß auf seine »Kameraden«. Aber natürlich ist es ein kalter Raum mit schlechter Luft, in dem die meisten den ganzen Tag rauchen, eine Strapaze für den lieben Jungen. Wahrscheinlich sind die ersten Tage die ärgsten, und er wird sich dann schon darin irgendwie einrichten, wenn es nur nicht so kalt wäre. Wir haben selten eine solche

> Kälte vor Weihnachten, das ist ganz ungewöhnlich und ein großes Pech für den Jungen, der Kälte fast so haßt wie Daddy. (S. 262)

Dorothy hat recht, wenn sie von ihrem Sohn einen besonderen Einfluss auf das Lagerleben erwartet. Wegen vieler kritischer Gegenfragen wurde der weltanschauliche Unterricht schließlich durch »Lesestunden« ersetzt. Da alle erklärten, das Parteiprogramm der NSDAP oder Hitlers »Mein Kampf« längst zu kennen, ging man zum Abspielen von klassischer Musik über; Helmuth hatte ein Grammophon sowie Schallplatten von Bach, Beethoven und Brahms mitgebracht.

Offensichtlich hat Helmuth James das Lagerleben gut überstanden, denn am 16.12.33 meldet Dorothy aus Berlin:

> er schreibt ganz vergnügt und sagte: *ich halte es spielend aus*, und das hat uns beruhigt. Sie dürfen keine Bücher haben, und er ist in einer Art Uniform und muß sehr komisch aussehen, [weil sie ihm viel zu klein ist.] Sie haben sogenannten *Wehrsport* – Laufen, Springen, Schleichen, Kriechen, also was Soldaten tun – am Morgen, und Spiele – Fußball, Schlagball usw. am Nachmittag und viel Singen. Wenn es eine andere Jahreszeit wäre, würde es dem Jungen sicher gut tun. (S. 264)

Helmuth James bestand sein Assessorexamen am 10. Februar 1934 mit »befriedigend«, angeblich wegen seiner unleserlichen Handschrift nicht mit einer besseren Note. Er fühlte sich nun frei, mit Freya nach Südafrika zu reisen. Schon am 1.12.33 hatte Dorothy aus Berlin-Friedenau an ihre Eltern geschrieben:

Wir freuen uns alle, daß Helmuth und Freya bald zu Euch eilen werden, und wie glücklich *sie* sein werden, und ich hoffe, Ihr beide werdet ihren Besuch auch sehr genießen. Ich könnte Euch nichts schicken, was ich mehr liebe oder was mir kostbarer ist. Daß Dad sich mit Freya glänzend verstehen wird, ist sicher, aber ich *hoffe* auch, daß er und der Junge sich verbrüdern, obgleich das nicht so sicher ist. Mir erscheint der Junge wie ein überraschendes Ebenbild seines Großvaters, und dieser Fortbestand – besonders von ethischen Maßstäben und Sensibilitäten – ist hochinteressant und für mich als Vermittlerin ziemlich überwältigend, wenn man bedenkt, wie gänzlich verschieden das Leben der beiden war.

Jedenfalls sind diese lieben zwei jungen Leute, die zu Euch kommen, ein sehr kostbares junges Paar, und sie gehen zu einem sehr kostbaren alten Paar, und mein Herz ist sehr stark an allem beteiligt. (S. 261f.)

Helmuth James und Freya verbrachten dann ein glückliches und entspannendes halbes Jahr in herzlicher Atmosphäre bei den Großeltern. Sie hatten sich entschieden, nicht der Versuchung einer Auswanderung nachzugeben, denn ihrer Überzeugung nach brauchte Deutschland Menschen, die Widerstand leisten. So kehrten sie am 1. November 1934 nach Berlin zurück. Auch die Liebe zu Kreisau und die Verantwortung für die jüngeren Geschwister mag bei der gemeinsamen Entscheidung eine Rolle gespielt haben, denn Dorothy hatte vor, ihrerseits am 19. November 1934 für ein halbes Jahr zu den Eltern in Südafrika zu reisen.[104]

Am 16.12.33 schreibt Dorothy aus Berlin-Friedenau ihrem Vater zum Geburtstag:

Helmuth James in Südafrika
(1934)

Dies ist Dein Geburtstagsbrief, und mein Herz und meine Gedanken sind voll von Dir. In Deinem Alter ist ein Geburtstag etwas ganz Besonderes, denn es ist eigentlich ein Tag des Dankes, für dich, für uns, einfach für die Tatsache, daß es Dich gibt und wohlauf – jedenfalls für's Auge, Du selbst bist Dir der schwachen Stellen bewußter –, Deine liebe, liebe Person, so gesund an Geist, Herz und Körper. So siehst Du, daß wir wie die Amerikaner unseren Thanksgiving Day haben, aber unserer fällt auf den 8. Januar. Wenn man bedenkt, woran Du alles bewußt teilgenommen hast, ist man ganz überwältigt, und der erste Teil deines Lebens fiel in den wohl angenehmsten Zeitabschnitt unserer westlichen Zivilisation seit dem Mittelalter. Obgleich es wahrscheinlich damals niemandem klar war und die Leute sich auch damals über schlechte Zeiten beklagt haben. Aber eine Welt, in der Giftgas und Flugzeug und Radio unbekannt waren und der letzte Diktator mit Erfolg auf eine Insel im Atlantik verbannt worden war, muß unendlich ruhiger und angenehmer gewesen sein als die Welt, wie wir sie jetzt kennen. Du jedoch und Mutter und Kolara [Ortsname], Ihr seid ein sonniger und heiterer Hintergrund in all unseren Gedanken, und jetzt lernen zwei meiner Lieben das alles persönlich kennen, was mir ein großer Trost ist, für sie und auch für Euch. (S. 263)

Dorothys letztes Weihnachten mit der Familie

Berlin-Friedenau,
Montag, 1.12.33

Morgen fahre ich nach Kreisau ab. Natürlich ist es ein Luxus, daß wir Weihnachten in Kreisau verbringen, aber die Kinder wollten es so gern und sagten, es mache den ganzen Unterschied, und natürlich sehen wir viel mehr von Helmuth und Freya, wenn wir alle zusammen sind. Außerdem wäre Helmuth während seiner 8 Tage Urlaub sowieso nach Kreisau gegangen, und wir hatten alle das Gefühl, nächste Weihnacht sind wir vielleicht nicht alle zusammen, so daß wir das Beisammensein dieses Jahr so richtig genießen wollen.

Kreisau, 22.12.33

Dienstag abend kam ich an und fand eine weiße, weihnachtliche Landschaft vor, die herrlich aussah. Die große Kälte war vorbei, das Berghaus war warm, und Ete, Mamsell und Peter bereiteten mir, alle auf ihre Art, einen herzlichen Empfang. Gestern sind der Y.T. und Asta angekommen, heute Frieda – ein sehr wichtiger Faktor – und C.B., morgen abend kommen die 4 anderen. Ich hatte einen reizenden Brief von Genia [Schwarzwald], die schreibt: *Ich fühle ganz die unsentimentale, liebreiche Romantik dieses Zusammenseins gleichgestimmter Menschen, die im tiefsten Sinne des Wortes miteinander verwandt sind.*

Das scheint mir unsere Empfindungen beim gemeinsamen Weihnachtsfest in Kreisau sehr gut wiederzugeben, und die Natur hilft auch noch, die Stimmung – soweit das möglich ist – zu erhöhen, indem sie uns statt Matsch Schnee gibt. So seht Ihr, Ihr Lieben, daß wir sehr glücklich sind, denn niemand weiß, wo wir alle nächste Weihnachten sein werden, in diesen unruhigen Zeiten kann keiner Zukunftspläne machen. Der Y.T. sieht die Dinge sehr pessimistisch, aber *niemand* kann glaubwürdige Prophezeiungen machen. Mir scheint, es hat noch nie eine ähnliche Weltsituation gegeben. […] Aber was immer draußen geschieht, wir gedenken diese Weihnacht sehr fröhlich zu sein. (S. 265)

Kreisau, 31.12.33

Wir haben es so sehr genossen diese letzte Woche und waren alle ganz sorglos und glücklich. Natürlich hatte der Junge gar keine Zeit, auch nur einen Brief zu schreiben oder auch nur eine Seite von einem Buch zu lesen, sondern er hat die ganze Zeit an Kreisauer Angelegenheiten gearbeitet, aber jedenfalls geschah alles in Ruhe, wir haben abends Bridge gespielt und uns unterhalten und Grammophon gehört, sind um 10 ins Bett gegangen und erst um 8 Uhr morgens aufgestanden, und ich glaube, es hat ihm gut getan, sehne aber seine Zeit an

Bord herbei, wo er nicht arbeiten *kann.* Ich wußte nicht, ob ich lachen oder ihn schelten sollte, als er mir heute sagte, er würde sich mit seiner Steuererklärung auf der Reise von Hamburg nach Southampton befassen. Seht Ihr, er muß die Dinge in Kreisau so geordnet hinterlassen, daß sie ohne ihn glatt laufen, und er wird die Abwechslung und die Ruhe und Sonne nötiger haben denn je, wenn er damit fertig ist. Es ist doch schön, daß er gerade an seinem Geburtstag in Südafrika ankommt! Zwei Monate früher wäre noch besser gewesen, aber so haben wir schöne Weihnachten, ganz wolkenlos und voller Frohsinn und Gelächter. [...]

Was für ein Jahr haben wir hinter uns! Natürlich brachte das Jahr 1914, obgleich man es sich nicht klarmachte, vielleicht mehr mit sich als irgendein anderes, das ich durchlebt habe, aber 1933 war für uns im Vaterland eine größere Umwälzung. Die Ansichten, die Werte, die Ideale haben sich radikaler geändert als je zuvor. Ein gräßliches Jahr. Und was hält wohl 1934 für uns bereit? Was für ein Geheimnis das alles ist. (S. 265f.)

Das Jahr 1934

In ihren Gedanken ist Dorothy mehr denn je in Kolara bei den Eltern. Das mag an der bevorstehenden Reise des jungen Paares liegen, doch auch sie selbst trägt sich mit der Absicht, den deutschen Verhältnissen für eine Weile zu entfliehen. Zunächst aber gilt es, der Mutter gegenüber Rechenschaft über notwendige Ausgaben abzulegen und über das Ergehen von Mann und Kindern zu berichten.

Die Familie

Joachim Wolfgang, der »Glückspilz«, möchte seine Doktorarbeit beenden und bis Juli seine Ausbildung abschließen. So wird er in Zukunft etwas weniger Unterstützung brauchen, weil die Studiengebühren wegfallen. Neben seiner »Büffelei« für das Examen muss er SA-Dienst absolvieren:

> Kreisau, 25.6.34
>
> Jeden Sonnabend haben sie eine Art Tag im Felde, und letzte Woche hatten sie zweimal Nachtalarm und auch abendliche Übungen. Er sagt, sie sind alle sehr nett zu ihm, wundern sich aber alle über seinen gänzlichen Mangel an militärischen Kenntnissen oder militärischer Ausbildung – bei dem Namen. (S. 280)

> Kreisau, 1.8.34
>
> Jowo hat sein Doktorexamen am Montag bestanden, ist aber sehr enttäuscht, daß es nur *genügend* war. Das war bei allen Kandidaten so, keiner bekam *gut* oder *sehr*

gut, aber er wollte etwas Besonderes haben, besonders da er hoffte, es würde eine Empfehlung bei seiner Suche nach einem Posten sein, wenn er im Examen besonders gut abgeschnitten hätte. Die Hauptsache ist jedoch, daß er bestanden hat und jetzt »Dr. von M.« ist! (S. 286)

Kreisau, 9.9.34

Der arme Jowo hat beschlossen, für ein Jahr in die Reichswehr zu gehen, d. h. vom November bis zum 1. Oktober 1935. Es ist nicht besonders angenehm, »sein Jahr zu dienen«, wenn man 25 Jahre alt ist, aber es scheint wirklich das Klügste zu sein, denn man hat ihm für später besondere Berücksichtigung für einen staatlichen Posten zugesagt. Das bedeutet, daß er für diese 11 Monate sehr wenig von seiner Beihilfe brauchen wird – wahrscheinlich nicht mehr als 50 Mark im Monat. Er ist ziemlich sicher, einen Job in Köln zu bekommen (soweit heute überhaupt etwas sicher ist): aber erst nach 2 Jahren Lehrzeit dort, das heißt, wahrscheinlich nicht vor 1937, obgleich er Glück haben und früher einen Posten bekommen mag. Unsere Zeit zusammen nähert sich ihrem Ende, und der Himmel weiß, wann er wieder nach Kreisau kommt, denn in der Reichswehr bekommt er wahrscheinlich nicht mehr als jedesmal 2 oder 3 Tage Urlaub. Seine Haltung ist fröhlich resigniert. »Es hilft nichts, wozu also lamentieren« ist ungefähr sein Standpunkt. Das gute Kind. (S. 289f.)

Berlin, 17.9.34

Letzten Montag haben Jowo und ich mehrere Stunden im Feldmarschallszimmer verbracht, um es umzugestalten, und ich muß sagen, Jowos erste unabhängige Museumsarbeit war vorzüglich! (S. 290)

Berlin, 14. 1. 34

Nun zu Asta. Ich möchte gern selbst für ihre 6 Monate in Dachau bezahlen, aber ich weiß nicht, ob ich es schaffen werde. Es kostet 75 Mark im Monat, und da sind natürlich Extras, Wäsche usw., so daß sie etwas unter 100 Mark im Monat kosten wird, außer der Reise. Darf ich es offen lassen und dich nötigenfalls um etwas Hilfe bitten, wenn es sich als unmöglich erweist, all meinen Verpflichtungen nachzukommen? Du bist in diesen Dingen immer so lieb und verständnisvoll, liebste Mutter, und so generös. (S. 268)

Wie geplant gehört der Aufenthalt in Dachau nördlich von München zu Astas Ausbildungsprogramm. Im Pollnhof, einem geräumigen, alten Bauernhaus mit Garten, Wiese und Geflügelhof arbeiten vier Mädchen und werden in allen Bereichen der Hauswirtschaft unterwiesen. Darüber hinaus gibt die Leiterin Unterricht in Kunstgeschichte und fährt ab und zu mit den Mädchen nach München in Museen, »damit sie das Gelernte auch sehen«. Zunächst scheint Asta dort ganz zufrieden zu sein (vgl. S. 273f.).

Der Pollnhof erweist sich als Misserfolg, doch im Sommer erfährt Asta, dass die »Chefs« ihrer Schule in Eberswalde sie eingeladen haben, mit ihnen im nächsten Winter als Betreuerin von Schülern ins Riesengebirge zu gehen; für alles werde gezahlt. »Sie ist sehr stolz, daß ihre Dienste so viel wert sind« (vgl. S. 280).

Berlin, 8. 10. 34

Asta ist heute früh angekommen, sehr fröhlich, aber etwas dicker als früher, was schade ist. Wir werden sehr konsequent beim Abnehmen sein müssen, denn heutzutage kann ein Mädchen einfach nicht dick sein. Aber sie ist sehr attraktiv, sehr lebendig, intelligent, selbstsicher, eine richtige Persönlichkeit. Sie ist so froh, wieder zu Hause zu sein. Heute nachmittag sind wir zum Lette-Haus gegangen und haben ihren Unterricht arrangiert. Sie soll dreimal die Woche vormittags von 8 bis 12 Schreibmaschinen- und Stenographieunterricht haben und zweimal die Woche an den anderen Tagen Buchhaltung von 12 bis 2. Dann hoffe ich, daß wir Gymnastik und Musik und Chorsingen organisieren können, und so sollte sie ganz gut beschäftigt und angeregt sein. Sie hat vor, viel zu nähen und sich Kleider zu machen. Wie es scheint, sind einige Eberswalder Mädchen in Berlin, und so wird es ihr also nicht an Freundinnen fehlen.

Berlin, 14.10.34

Es ist so schön, Asta hier zu haben. Sie ist so voller Vitalität und Schwung. Es ist gut, daß Willo sie im Winter hier hat, genau was er braucht. (S. 292)

Zu Dorothys Erleichterung konnte Carl Bernhard schon im April eine Lehre in einer Papierfabrik in Stettin beginnen. Bei ihrem Besuch am 24. des Monats zeigt er sich zufrieden und *sehr* interessiert an seiner Arbeit. Dreimal in der Woche hat er abends Unterricht in Schreibmaschine und Stenographie, dazu lernt er Englisch. Bei einer freundlichen Wirtin ist er gut versorgt, das kleine Zimmer kostet 25 Mark im Monat. Er ist sogar einem Ruderclub beigetreten (vgl. S. 275).

In den Briefen an die Eltern betont Dorothy ihre gleichbleibende, liebevolle Loyalität ihrem Mann Helmuth gegenüber, denn sie weiß, dass ihr Vater ihn wenig schätzt.

Voller Anerkennung spricht sie von Helmuths Arbeit innerhalb der *Christian Science*, der auch sie verbunden bleibt. Wie sie den Eltern versichert, reist sie bereitwillig aus Kreisau an, wenn Helmuth sie ruft, denn sie weiß, dass er auf ihren Beistand angewiesen ist.

Kreisau, 2.9.34

Schreibt doch bitte dem Y.T. ein kleines Briefchen des Inhalts, wie dankbar Ihr dafür seid, daß er mich zum Kap reisen läßt. Das würde ihn sicher freuen, denn im Grunde seines Herzens ist ihm mein Fortgehen gräßlich, obwohl er das nie sagt und wirklich sehr lieb ist. Der Arme kann es gar nicht leiden, wenn ich nicht da bin, und das ist oft der Fall, aber er sagt selten etwas, und wenn er es tut, sagt er wahrscheinlich nur: *Was, Du willst uns ganz allein lassen?* Seine Gesundheit hat sich diesen Sommer sehr gebessert, davor war er etwas kränklich, wahrscheinlich als Folge der politischen Lage, die ihn zutiefst beunruhigte. (S. 288f.)

Hinwendung zu den Eltern

Dorothy denkt an ihren Vater und seine Memoiren, die ihr am Herzen liegen. Sie hat sich eine Schreibmaschine geborgt und übt jeden Abend, um die Autobiographie bei ihrem Besuch für ihn tippen zu können.

Berlin, 17.2.34

Ich hoffe, Daddy, daß Du trotz der vielen Unterbrechungen, die sich ergeben, mit Deinen Memoiren weiterkommst. Ich warte sehnlichst darauf, die ersten Kapitel zu sehen; Du mußt doch jetzt etwa bei dem 8. oder 9. sein? Das bedeutet mindestens ein Drittel des Ganzen. Aber die letzten zwei oder drei Kapitel sind besonders interessant, obwohl ich befürchte, daß Du die Prophezeiungen für die Zukunft aufgeben mußt. Denn man kann kaum 6 Monate im voraus prophezeien. Mir scheint, daß es gut möglich ist, daß sich der Faschismus in der einen oder anderen Form über die ganze Welt ausbreiten wird, jedenfalls für eine Zeit, bis die Menschen ihn total satt haben. Aber ich bin mir nicht einmal ganz sicher, daß England gegen diese Ansteckung gänzlich gefeit ist. Der Faschismus scheint auf jeden Fall mehr Anziehungskraft zu haben – wahrscheinlich, weil er egoistischer und wenige edel ist als der ideale Bolschewismus – als die russische Form der Diktatur.

Aber es ist wirklich kein Vergnügen oder leicht, in einer Welt neuer und – für uns – niedrigerer Werte und Maßstäbe zu leben. Hat es je, frage ich mich, einen solchen vollständigen Umschwung gegeben? Schließlich hatte der Übergang vom Mittelalter zur modernen Welt, der Anfang des Humanismus, Tendenzen nach oben, was man von den jetzigen Idealen nicht sagen kann, obgleich sie eine Reaktion auf vieles sein *mögen*, was in der Vergangenheit ungesund und falsch war. Ja, die Zukunft ist ein versiegeltes Buch, und im Moment bekümmert mich das wenig, wenn ich an Euch liebe Vier zusammen denke, und das ist wirklich ein Trost. (S. 270f.)

Berlin, 24.2.34

Heute, am letzten Tag, an dem ich je »diesseits der Fünfzig« sein werde, muß ich Euch ein paar Zeilen schreiben und meine Liebe senden, *heiße Liebe,* wie es

Asta nennen würde, denn ich weiß, Ihr denkt viel an uns und liebt mich auch heiß. Ich kann's nicht glauben, daß ich ein halbes Jahrhundert gelebt habe, und wahrscheinlich könnt Ihr es auch nicht glauben! Ist die Zeit nicht eine der trügerischten Illusionen? Ich fühle mich kein bißchen alt – obgleich die Kinder mich natürlich dafür halten, und ich weiß, daß ich für Euch beide immer Euer Küken und Kind bleiben werde, und das ist höchst beruhigend. Aber ich möchte vor allem euch Lieben für alle Liebe danken, die Ihr mir in diesen 50 Jahren erwiesen habt. Nie habt Ihr mich im Stich gelassen, und ich kann mir keine Eltern vorstellen, die verständnisvoller, selbstloser und liebevoller sein *könnten.* Ihr habt mich zwar in eine Epoche großer Unruhe und Zerrüttung gepflanzt, und ich habe gewiß die Sache nicht besser gemacht – vom Standpunkt der Ruhe und Sorglosigkeit –, als ich meinen Wohnsitz in Deutschland wählte, aber vielleicht ist das interessant und kann jedenfalls nicht ungeschehen gemacht werden – weder das eine noch das andere –, und ich muß sagen, daß ich mich trotz allem für einen *sehr* glücklichen Menschen halte. (S. 271f.)

Leiden an der Politik

Dorothy ist für einige Tage in die Tschechoslowakei gereist, um Eugenie Schwarzwald zu treffen. Sie findet die Freundin gut aussehend und heiter wie gewohnt, »aber im Grunde ihres Herzens ist sie unsagbar traurig über all diesen Haß und Aufruhr und Wahnsinn in der Welt.«

Dorothy schreibt aus Zámek, Potstejn am 28.6.34:

Es kommt einem so merkwürdig vor, gestern plötzlich – ohne jedes äußere Anzeichen bis auf die Paßkontrolle und die Konfiszierung aller deutschen Zeitungen – in einem Land zu sein, wo man – mehr oder weniger – schreiben und sagen kann, was man will. Die Häuser sehen genauso aus, die Landschaft ist dieselbe, aber was für ein Unterschied!

Keiner weiß, was in Deutschland geschehen wird, aber überall ist Unzufriedenheit. Nichts ist besser geworden, nur gibt es jetzt kaum noch Blutvergießen und die Straßenkämpfe zwischen Nazis und Kommunisten, die es vorher gab; auch tut jetzt eine sehr große Anzahl von jugendlichen Arbeitslosen nützliche Arbeit in den Arbeitslagern und weniger nützliche in der SA. Außerdem glaube ich wirklich, daß Klassenunterschiede weitgehend abgeschafft worden sind. Aber sonst ist alles schlimmer geworden, und zwar ganz erschreckend. Die anständigen Nazis (und davon gibt es viele) sind so deprimiert und degoutiert über die Intrigen und die Korruption, daß viele nichts mehr mit der Partei zu tun haben wollen. Aber ohne eine freie Presse kann keiner seine Meinung kundtun oder irgendwelchen Widerstand oder Verbesserungen organisieren. *Das* ist die stärkste Karte der Nazis – wir haben nichts, was an ihre Stelle treten könnte. Die Leute reden von einer Militärdiktatur (die Reichswehr ist durchaus nicht Nazi), aber niemand weiß, ob es eine Persönlichkeit gibt, die die Führung übernehmen könnte. Hitler wird immer noch viel bewundert, obwohl ihn jetzt keiner mehr – wie anfangs – einen Staatsmann oder auch nur einen großen Mann nennt; jedoch gefällt den Leuten die Einfachheit seines persönlichen Lebens, und die meisten halten ihn für aufrichtig – was ich nicht tue.

Ihr habt keine Ahnung, welche Verwirrung die Nazis in den Gemütern des Volkes angerichtet haben, indem sie Worten nie ihre wahre Bedeutung geben und uns dabei so mit Phrasen überschwemmen, daß keiner zum Denken kommt. [...]

Was ich wirklich fürchte, ist ein Krieg. Ob es Deutschland in den nächsten 5 Jahren möglich ist, einen Krieg zu führen, weiß ich nicht – wir wissen zu wenig über die Vorgänge, um uns eine Meinung zu bilden. [...]

Wenn er [ihr Mann Helmuth] könnte, würde er morgen auswandern, und Willo und Jowo auch. [...] Das haben die Nazis aus Deutschland gemacht – daß jedermann auswandern möchte. [...] Daddy denkt an Widerstand etc. Die revolutionären Methoden haben sich geändert, und jetzt ist, angesichts von Radio und Presse, Flugzeugen und Bomben und Maschinengewehren, organisierter und geistiger und physischer Widerstand fast unmöglich. Außerdem ist es bei weitem das Beste, die Nazis machen zu lassen, und schließlich wird das Kartenhaus einstürzen. Natürlich müssen wir diese Musik bezahlen, aber es wird niemals gelingen, diese bösartige Doktrin auszumerzen, bis sie ihren Mißerfolg erwiesen hat. So muß man sie gewähren lassen, bis die Leute nicht mehr darauf hören. (S. 281f.)

Kreisau, 6.7.34

Ich weiß, daß Ihr in den letzten Tagen viel an uns gedacht habt. Ich erhole mich gerade erst etwas von den Auswirkungen der letzten 5 oder 6 Tage. In solchen revolutionären Zeiten, wie wir sie jetzt erleben, fühlt man sich oft außerstande, an etwas anderes zu denken; die Luft ist voll von Gerüchten. [...] Ich *wünschte*, Helmuth James könnte sich noch für ein oder zwei Jahre herausshalten, aber es sieht nicht so aus, als ob das möglich ist. Es ist mir die größte *Herzensberuhigung* gewesen, daß er all diese Monate weg von all diesen Dingen war – Daddy wird das nicht verstehen, das kann keiner, der die gegenwärtigen kontinentalen Zustände nicht erlebt hat. Es ist keine Frage des Muts, es ist eine Frage der Vergeudung. Ich bin durchaus für Mut und Opfer unter bestimmten Bedingungen, aber unter den gegenwärtigen Umständen lohnt es sich, geistig, nicht. Ich muß allerdings ehrlich zugeben, daß Herr Doktor [Schwarzwald] meint, die guten Leute sollten in Deutschland bleiben. Aber ich glaube, der Preis ist zu hoch. Schließlich haben die Pilgerväter ihr Land verlassen, und niemand hält sie für feige und würdelos. Und keiner denkt schlechter von den Menschen, die in den 1840ern aus Deutschland auswanderten. Die Voortrekkers haben ähnliches getan. Tatsache ist, daß ich seit März den Staat, jeden Staat, unerträglich finde und das Wohl des Einzelnen für unendlich wichtiger halte als das Wohl des Staates. (S. 283f.)

Dorothy ist am Ende ihrer seelischen Kräfte. Mit vier Söhnen hat sie allen Grund, einen Krieg zu fürchten. Sie flüchtet in die Utopie einer Gesellschaft ohne Staat. Die Ereignisse der letzten Tage und die Gerüchte, von denen sie spricht, haben nicht nur sie mit Schrecken und Angst erfüllt.

Die Niederschlagung des sogenannten Röhm-Putsches hat die Brutalität des Hitlerstaates nun für alle offenbart. Dem Offizier Ernst Röhm (1887-1934) unterstand die SA. Wie Gregor Strasser vertrat er den sozialistischen Aspekt der nationalsozialistischen »Bewegung«. Für ihn war die Revolution noch nicht zu Ende; sein Ziel war ein Umbau der Gesellschaft bis hin zu Enteignungen. Die SA wollte Röhm in eine reguläre Armee umwandeln – die Reichswehr sollte lediglich als Ausbildungsheer bestehen bleiben.

Hitler dagegen setzte auf die Zusammenarbeit mit Reichswehr und Industrie[105], denn sein Ziel war die Aufrüstung. Der Weg dahin führte über die Erweiterung der Reichswehr zu einer Wehrmacht mit allgemeiner Wehrpflicht; die SA sollte auf ihre Rolle als Ordnungstruppe beschränkt bleiben.

Der Konflikt eskalierte – Hitler und seine Leute beendeten ihn am 30. Juni und 1. Juli mit der Ermordung Röhms, seiner Anhänger und weiterer Gegner der Hitler'schen Linie wie Gregor Strasser und Kurt Schleicher. Der Öffentlichkeit gegenüber wurde das Blutbad als »Staatsnotwehr« deklariert und vom Reichstag gebilligt.

Kreisau, 14.7.34

Ich lese Harold Nicolsons »Peacemaking«, und ich muß sagen, es ist voller erstaunlicher Enthüllungen. Es erscheint fast unglaublich, und ich koche vor Wut, wenn ich an all das Leid und die Tragödie denke, die Versailles hervorgebracht hat. Ohne Versailles hätten wir niemals den Hitlerismus gehabt, unter anderem. Die ganze Geschichte der Konferenz ist fast unglaublich.[106] (S. 285)

Dazu am 27.8.34:

Das Buch ist nicht nur von schmerzlichem Interesse, sondern auch hervorragend geschrieben. Es ist eine fast unglaubliche Geschichte. Lloyd George erweist sich als besser als erwartet. Aber die Leichtfertigkeit und

Unehrlichkeit der ganzen Konferenz ist erstaunlich, nicht die der Experten, sondern die der großen X. Die demokratische Diplomatie sieht sehr erbärmlich aus. Metternich war wahrscheinlich ebenso egoistisch wie die großen X, aber er hatte einen Plan, den er verfolgte, während die sogenannten »Führer« immer die heimische öffentliche Meinung konsultieren mußten. (S. 288)

Kreisau, 5.8.34

Der arme alte Hindenburg, wie froh er sein muß, seine Ruhe zu haben. Die Ereignisse jagen sich heutzutage so, daß man ganz benommen ist und jede Änderung ganz stoisch aufnimmt. Was uns wirklich interessiert, ist, wie gut Deutschland durch den nächsten Winter kommt. [...] Jedenfalls glaube ich, daß es bereits erwiesen ist, daß Diktatoren nicht der schnellste Weg zum Wohlstand sind. (S. 286f.)

Hindenburg starb am 2. August. Ein Gesetz zur Vereinigung des Präsidenten- und Kanzleramts ermöglichte es Hitler, sich von nun an »Führer und Reichskanzler« zu nennen. Die Reichswehr legte einen persönlichen Eid auf ihn ab.[107]

Am ersten November kommen Helmuth James und Freya von ihrer großen Reise zurück und werden von der Familie am Berliner Bahnhof empfangen.

Der Junge war den ganzen Vormittag hier, um Sachen mit dem Y.T. zu besprechen, und blieb zum Mittagessen; es war eigentlich das erste Mal, daß ich ihn in Ruhe gesehen habe, und ich habe ein langes Gespräch mit ihm genossen. Er bekam von Smuts einen charmanten

Dorothy mit ihrem Vater – ihr letzter Besuch in Südafrika (1934)

Brief als Antwort auf einen, den er ihm geschrieben hatte. Sie beide (er und Freya) lieben Südafrika, aber lieben Euch noch mehr. Es ist wirklich ganz rührend, wie der Junge von Daddy spricht. (S. 294)

Jan Christian Smuts (1870-1950), südafrikanischer Staatsmann und General, war von 1919 bis 1924 und von 1939 bis 1948 Premierminister der Südafrikanischen Union. Bis nach Südafrika spann Helmuth James sein Netz politischer Verbindungen, die ihm später in der Opposition gegen das Nazi-Regime vielleicht nützlich sein könnten.

Berlin, 13.11.34

Morgen mache ich mit dem Y.T. Weihnachtseinkäufe, und am Dienstag früh um 11 verläßt mein Zug Berlin, und ich bin auf dem Weg zu Euch. Ich kann es immer noch nicht glauben, und ich habe gar nicht das Gefühl, so viele teure Menschen zurückzulassen. Aber vielleicht kommt das daher, daß ich *zu* zwei Menschen gehe, die mir teuer sind.

Montag abend [19.11.34]. Alles ist fertig und gepackt und etikettiert, das Menü für die Woche gemacht, letzte Instruktionen gegeben usw. Und morgen geht's ab zu den *dear old birds.* Natürlich ist es nicht leicht, die Familie zurückzulassen, besonders den Y.T., und ich wünschte, ich könnte ihn mitnehmen. Aber man kann nicht alles haben. (S. 295f.)

Totenbett

Das Ende

Nach sechs Monaten kehrte Dorothy mit ihrer Mutter aus Südafrika zurück. Es ist kaum vorstellbar, wie schwer es für sie gewesen sein muss, sich wieder dem Leben in einer Diktatur stellen zu müssen. Schon bald nach ihrer Rückkehr fuhr sie mit ihrem Mann Helmuth zu einem Fest bei den Verwandten Monika und Friedrich Wilhelm von Rittberg nach Balfanz. Auf diesem pommerschen Gut im Kreis Neustettin war sie immer gern zu Gast gewesen. Dorothy hatte seit Wochen unter starken Kopfschmerzen gelitten und an diesem Abend nicht an dem Ball teilnehmen können, sondern sich in ihr Zimmer zurückgezogen. In der Nacht zum 11. Juni 1935 starb sie mit nur 51 Jahren. Die Ursache für ihren überraschenden Tod bleibt im Dunkel, denn als Anhängerin der *Christian Science* ließ sie keinen Arzt an sich heran; die Familie vermutet einen Gehirntumor.

Grabstein

Dieser unerwartete Tod traf die Familie schwer, im Besonderen Helmuth James, der so eng mit der Mutter verbunden war. Sir James Innes war allein in Südafrika zurückgeblieben und hat den Verlust dieser Tochter nie verwunden; die letzten Kapitel seiner Autobiographie blieben ungeschrieben. In Kreisau wurde Dorothys Tod als Katastrophe erlebt. Zum Glück war Freya durch die langen Abwesenheiten ihrer Schwiegermutter auf ihre spätere Rolle als Gutsherrin vorbereitet. Zusammen mit Helmuth James gelang es ihr, den großzügigen Stil, die besondere Atmosphäre Kreisaus bis zuletzt zu bewahren.

Durch ihren frühen Tod ist es Dorothy erspart geblieben, das tragische Ende ihres geliebten ältesten Sohnes erleben zu müssen. Sie fand ihre letzte Ruhe auf dem Kapellenberg, dem Familienfriedhof der Moltkes in der Nähe von Kreisau.

Ausblick

Dorothy hatte recht, als sie in Freya die richtige Frau für Helmuth James sah. Einmütig widerstand das junge Paar der Versuchung, in Südafrika ein unbeschwertes Leben in Freiheit zu führen; im Herbst 1934 kehrten sie nach Deutschland zurück. Dorothy hatte in dem Brief vom 5.11.33 vom Einfluss ihres Vaters gesprochen, der Kompromisse mit dem Gewissen nicht zulasse; diese Haltung hatte sie wie auch Helmuth James geprägt. Danach kamen Anpassung oder auch nur Stillschweigen gegenüber Unrecht nicht infrage.

Freya schreibt in ihren *Erinnerungen an Kreisau* zum politischen Widerstand:

> Und wirklichen Impetus bekam der erste Schritt, die Suche nach Menschen, die bereit waren, sich an so etwas zu beteiligen, erst mit dem deutschen Sieg über Frankreich im Sommer 1940, auf dem Höhepunkt der deutschen Kriegserfolge – nicht etwa erst, als erkennbar wurde, daß Deutschland den Krieg verlieren würde. Es war damals wirklich ein Glaubensakt, sich mit dem Danach zu beschäftigen, und sicher auch ein Akt der Selbsterhaltung, der Erhaltung der eigenen Integrität. Es war wohl zu diesem Zeitpunkt, daß zwischen uns, Helmuth und mir, ausgesprochen worden ist, daß wir diesen Einsatz gemeinsam tragen wollten.[108]

Helmuth James traf sich mit seinen Gefährten vor allem in Berlin, in der Wohnung seines Freundes Peter Graf Yorck von Wartenburg in der Hortensienstraße 50, Berlin-Lichterfelde, oder auch in seiner kleinen Wohnung in der Derflingerstraße 10, um über die Zukunft Deutschlands nach dem Ende der nationalsozialistischen Herrschaft zu beraten. Nur dreimal fand ein Treffen im Berghaus in Kreisau statt, doch ist die Bezeichnung *Kreisauer Kreis* geblieben.

Helmuth und Peter Yorck waren von Anfang an bemüht, in der Tradition des *Löwenberger Arbeitslagers*[109] unterschiedliche gesellschaftliche Gruppen einzubeziehen. Neben ihnen waren an diesem Lager auch Helmuths Vetter Carl Dietrich von Trotha, Horst von Einsiedel und der Sozialdemokrat Adolf Reichwein beteiligt gewesen, die jetzt zum *Kreisauer Kreis* gehörten. Reichwein gewann für die Widerstandsarbeit seine Parteifreunde Carlo Mierendorff und Theodor Haubach hinzu; der frühere Gewerkschaftsführer Wilhelm Leuschner wurde angesprochen, Vertreter der Kirchen wie Alfred Delp und Harald Poelchau spielten jeder auf seine Weise eine entscheidende Rolle. Man traf sich in kleinen Gruppen an unterschiedlichen Orten; nicht immer war es einfach, gegensätzliche Positionen auszugleichen.

Freya schildert in ihren *Erinnerungen* die Treffen in Kreisau. Ein schlesischer Landhaushalt mit vielen Kindern und Hausgästen schien ein sicherer Ort für eine Zusammenkunft. Das erste Treffen fand über Pfingsten 1942 in entspannter Atmosphäre statt; neben der intensiven Arbeit zu festgesetzten Themen gab es Zeit für Spaziergänge, am Sonntag ging jeder in seine Kirche. Das zweite Treffen vom 16. bis 18. Oktober 1942 war von der Planung her überfrachtet und ließ weniger Freiraum. Ein Thema der Beratungen war die gemeinsame Überzeugung, dass der souveräne Nationalstaat an sein Ende gekommen sei und darum eine europäische Ordnung geschaffen werden müsse. Das dritte Wochenende über Pfingsten 1943 war überschattet von erschreckenden Nachrichten über die Verbrechen des Regimes und dem Druck des fortschreitenden Krieges. Weitere immer gefährlicher werdende Treffen fanden in Berlin statt. Auch im *Kreisauer Kreis* wurde über ein Attentat auf Hitler nachgedacht. Freya schreibt dazu:

> Helmuth hatte die Aussichten für das Gelingen eines Staatsstreichs immer für schlecht gehalten. Er hatte kein Vertrauen in die Leute, die ihn hätten ausführen können. Die Generale – auch solche, die Hitler und sein Regime haßten – hielt er für hoffnungslos. Und er war auch der Meinung, Hitler müsse sich selbst zugrunde richten. Denn er fürchtete, es werde sonst eine neue Dolchstoßlegende entstehen.[110]

Helmuth wurde schon im Januar 1944 von der Gestapo verhaftet, weil er einen Freund gewarnt hatte. Von der Kreisauer Arbeit war noch nichts bekannt, sodass die Haftbedingungen milde waren. Erst im August und September 1944 wurden Einzelheiten aufgedeckt; es folgten weitere Verhaftungen und Verhöre. Am 28. September 1944 wurde Helmuth James in das Gefängnis Berlin-Tegel verlegt.

Freya schreibt am 28. Dezember 1944:

> Die Briefe aus Tegel gibt es auch noch, seine und meine, und die gehören zusammen. Zuerst schrieb Helmuth sie mit gefesselten Händen. Diese Briefe haben mit seinem Tod, aber auch mit meinem weiteren Leben zu tun. Sie statteten mich für mein weiteres Leben aus, und die Gemeinsamkeit, die sie darstellen, dauert noch an. Wir hatten fast vier Monate, um Abschied voneinander zu nehmen, ein Mann und eine Frau. Der Höhepunkt

unseres gemeinsamen Lebens – die schwerste Zeit unseres gemeinsamen Lebens.[111]

Im Prozess vom 9. und 10. Januar 1945 wurde Helmuth James als Kopf der Widerstandsgruppe zum Tode verurteilt und am 23. Januar 1945 im Gefängnis von Plötzensee hingerichtet.

Freya hatte nach dem Tod ihres Mannes Kreisau die Treue gehalten bis zum August 1945. Über Berlin und die Schweiz ging sie dann mit den kleinen Söhnen nach Südafrika. Dorothys Eltern waren inzwischen verstorben, hatten jedoch für ihre deutschen Enkel eine finanzielle Basis hinterlassen. Dort blieben sie, bis Helmuth Caspar 1955 seinen Schulabschluss erreicht hatte. Freya lebte dann einige Jahre in engem Kontakt mit den befreundeten Witwen der Widerstandskämpfer in Westberlin und Heidelberg; 1960 übersiedelte sie als Gefährtin Eugen Rosenstock-Huessys[112] nach Norwich (Vermont). Dort führte sie als Amerikanerin bis zu ihrem Tod 2010 ein Leben in reger Tätigkeit.

Bis zum Kriegsende 1945 hatte Freya die Briefe von Helmuth James in den Bienenstöcken des Berghauses versteckt und auf diese Weise retten können. In ihrem Haus in Norwich stellte sie Biographen ihres Mannes auch andere Dokumente zur Verfügung und war bereit, Interviews zu geben. Beate Ruhm von Oppen, auch Übersetzerin und Herausgeberin der vorliegenden Briefe Dorothys an ihre Eltern, hat diese Briefe zum ersten Mal bei Freya in Norwich gelesen. So hat sie durch vielfältige und lebendige Kontakte die Erinnerung an Kreisau am Leben erhalten.

Doch dabei blieb es nicht. Freya hatte hohe Erwartungen an die Zukunft und schrieb 1967:

Schloss Kreisau

> In der Tat, ich habe noch Zukunftspläne mit Kreisau. Ich denke immer noch, eines Tages wird noch einmal aus Kreisau ein Haus für polnisch-deutsche Verständigung. […] Ich kann mir doch vorstellen, dass es einmal so weit sein wird, dass man Helmuth als einen Europäer ansehen wird, so sehr als einen Europäer, dass auch die Polen bereit sein werden, ihm in Polen einen Stein zu setzen.[113]

Dass es tatsächlich zu einem *Neuen Kreisau* kommen konnte, grenzt an ein Wunder. Das inzwischen verwahrloste Gut lag in Polen, seit 1970 die Oder-Neiße-Grenze als Westgrenze Polens anerkannt war. Zunächst schien eine Rückkehr dorthin aussichtslos. Doch allmählich bahnte sich eine Annäherung zwischen Polen und den beiden deutschen Staaten an, die am 12. November 1989 in der Versöhnungsmesse in Kreisau in Anwesenheit von Helmut Kohl und dem polnischen Regierungschef Tade-

Hofseite

usz Mazowietzki ihren krönenden Abschluss fand. Danach wurde Kreisau mit Unterstützung der polnischen und der deutschen Regierung wieder aufgebaut und in eine Jugendbegegnungsstätte umgewandelt. Daneben wurde die *Stiftung Kreisau für europäische Verständigung* ins Leben gerufen, die dem Widerstand gegen europäische Diktaturen gewidmet ist; zugleich versteht sie sich als eine lebendige Brücke zu einem zukünftigen Europa.[114]

Heute bietet das in seiner historischen Form renovierte Schloss Raum für Veranstaltungen und Ausstellungen; die ehemaligen Ställe jenseits des großen Rasenrondells wurden in Tagungsräume, Quartiere verschiedenen Niveaus und Restaurants umgestaltet.

Zur finanziellen Unterstützung der *Stiftung Kreisau* wurde in Berlin 2004 die *Freya von Moltke-Stiftung für das Neue Kreisau* gegründet.

Im Alter von mehr als 80 Jahren nahm Freya mit lebhaftem Interesse Anteil an der Entwicklung des *Neuen Kreisau.* Oft kam sie angereist, begeisterte sich für die pädagogischen Programme und diskutierte mit den jugendlichen Teilnehmern. Ihr Traum hatte sich erfüllt.

Für Kreisau gehören Dorothy und Freya als bedeutende Frauen zusammen. Dorothy hatte durch ihre Persönlichkeit die Atmosphäre in Kreisau geprägt und dazu beigetragen, dass Helmuth James die moralische Kraft für seine Arbeit im Widerstand aufbringen konnte. Freya hatte in Kreisau nach Dorothys Tod deren Aufgaben übernommen und in den Jahren des politischen Widerstands mutig Helmuth James zur Seite gestanden. Nach dessen Tod hatte sie sich unermüdlich für die Überlieferung seines Schicksals und für seine Botschaft an die Zukunft eingesetzt. Jede der beiden Frauen hat auf ihre Art den Charakter dieses Ortes geprägt, dessen Geist bis heute lebendig ist.

Anmerkungen

1 Beate Ruhm von Oppen (1918-2004): Dorothy von Moltke, Ein Leben in Deutschland, München 1999, 2. Auflage 2011. — **2** Vgl. Helmuth James von Moltke, Brief an Caspar und Konrad, aus dem Berliner Gestapo-Gefängnis Anfang Febr. 1944 in: Balfour, Frisby, Moltke, S. 22. — **3** Hammond, S. 241. — **4** Vgl. Handbuch religiöser Gemeinschaften, hg. Horst Reller u.a., Gütersloh 1993, S. 359 ff. — **5** Vgl. Helmuth James von Moltke, Brief an Caspar und Konrad, S. 9f. — **6** Vgl. Jochen Köhler: Helmuth James von Moltke. Geschichte einer Kindheit und Jugend, Hamburg 2008, S. 48f. — **7** Vgl. Einleitung zur Autobiographie von James Rose Innes, Kapstadt 1949. (Südafrika: Die Niederländische Ostindien-Kompanie gründete mit Kapstadt 1652 die erste Siedlung am Kap. Daraus entwickelte sich die Kapkolonie, die 1806 von den Briten in Besitz genommen wurde. Nach Norden auswandernde Niederländer gründeten die Burenrepubliken Natal, Transvaal, Oranjefluss-Kolonie. Der burisch-englische Antagonismus führte zu zwei Burenkriegen (1880/81 und 1899-1902). Nach der Eingliederung der Burenrepubliken in das Britische Königreich entstand 1910 die Südafrikanische Union als sich selbst regierendes Dominion im britischen Commonwealth. 1931 wurde Südafrika unabhängig, 1961 schied das Land wegen der Apartheidspolitik aus dem Commonwealth aus, es folgte die Gründung der Republik Südafrika. Die erste demokratische Wahl fand 1994 statt.) — **8** Teilübersetzung des gekürzten Textes durch die Autorin. Bezeichnungen für Auslassungen sind fortgelassen. — **9** Brief an Caspar und Konrad, S. 23. — **10** Hans-Ulrich Wehler: Deutsche Gesellschaftsgeschichte Bd. 3, S. 204. — **11** Vgl. Heinrich August Winkler: Der lange Weg nach Westen Bd. 1, S. 302. — **12** Der Sozialwissenschaftler O. Hintze – vgl. Wehler, a.a.O. S. 817. — **13** Hans-Ulrich Wehler, a.a.O. Bd. 3, S. 820. — **14** Tanzspiel in Form einer Quadrille, dazu gehören farbige Dekorationen aus Papier. — **15** Monika von Moltke, die jüngste Schwägerin. Sie heiratete Graf Rittberg und lebte bis 1945 auf dem Gut Balfanz (damals Kreis Neustettin) in Pommern, wo Dorothy 1935 starb. — **16** Vgl. Heinrich August Winkler, a.a.O. S. 310. — **17** Brief an Caspar und Konrad, S. 23. — **18** Carl Dietrich von Trotha, sein Vetter und lebenslanger Freund. — **19** Hammond, S. 244. — **20** Die deutsche Übersetzung von *Science and Health, with Key to the Scriptures* erschien 1912 unter dem Titel *Wissenschaft und Gesundheit mit Schlüssel zur Heiligen Schrift*. — **21** Vgl. Winkler, a.a.O. S. 313f. — **22** Christopher Clark: Die Schlafwandler, München 2013: Der australische Historiker hat eindrucksvoll dargestellt, wie die europäischen Großmächte in den I. Weltkrieg geradezu hineingeschlittert sind. — **23** Winkler, S. 313. — **24** Vgl. Helmuth von Moltke, Dokumente

Bd. I, Zur Beurteilung der politischen Lage, Berlin, 28. Juli 1914, S. 305-307. — **25** Bereits in den 80er Jahren des 19. Jahrhunderts war in England auch von König Edward VII. über die Notwendigkeit eines großen europäischen Krieges gesprochen worden. Vgl. Helmuth von Moltke, Dokumente Bd. I, S. 17. — **26** Jörn Leonhard: Die Büchse der Pandora, S. 92f. — **27** Seit dem 22. Juli stand fest, dass Frankreich im Falle eines Krieges mit Deutschland die Unterstützung Englands erhalten würde. Vgl. Winkler, S. 311. — **28** Vgl. Leonhard, S. 107. — **29** Leonhard, S. 179. — **30** Zit. nach Osterrieder S. 765: Helmuth von Molke, *Betrachtungen und Erinnerungen* (November 1914). — **31** Gerhard Ritter. Vgl. Osterrieder S. 779f. — **32** Vgl. Leonhard S. 167, S. 176-178. Der Historiker nimmt Moltke gegen seine Kritiker in Schutz, doch moniert er seine Kommandostruktur: Er ließ den Kommandeuren zu viel Spielraum, führte nicht straff genug. Dazu: Helmuth von Moltke, Dokumente Bd. I., S. 313. — **33** Zit. nach Osterrieder S. 764: Nachlass Hans von Haeften. — **34** Brief an Caspar und Konrad a.a.O. S. 13f. — **35** Vgl. Thies, S. 117f. — **36** Zit. nach Thies, S. 115. — **37** Zit. nach Osterrieder, S. 1001f.: HvM Bd. I, Nr. 4, S. 43f. — **38** Zit. nach Osterrieder, S. 1004: HvM Bd. I, Nr. 231, S. 253. Zum Zusammenhang Eliza-Steiner: vgl. ebd. S. 1002ff. — **39** Helmuth James, geb. 11.3.1907 – Joachim Wolfgang (Jowo), geb. 1909 – Wilhelm Viggo (Willo), geb. 1911 – Carl Bernhard, geb. 1913 – Asta Maria, geb. 1915. — **40** 1918 befand sich der Y.T. als Rittmeister in Kovel (Ukraine) — **41** Helmuth James von Moltke: Brief an Caspar und Konrad, S. 15. — **42** Ebd. S. 17f. — **43** James Rose Innes: Autobiography S. 267. Teilübersetzung durch die Autorin. — **44** Helmuth James von Moltke, Brief an Caspar und Konrad, vgl. S. 18f. — **45** Jörn Leonhard: Der überforderte Frieden. Versailles und die Welt – Eckart Conze: Die große Illusion. Versailles 1919 und die Neuordnung der Welt. — **46** Vgl. Arno Herzig, Geschichte Schlesiens, S. 87-92. — **47** Brief an Caspar und Konrad, S. 21. — **48** Ebd. S. 21 — **49** Rudolf Steiner (1861-1925), Begründer der Anthroposophie, trennte sich 1913 von der Theosophischen Gesellschaft, deren Generalsekretär er bis dahin in Deutschland gewesen war. — **50** Ebd. S. 27f. — **51** Ebd. S. 24. — **52** Magnus Freiherr v. Mirbach und seine Frau, Margarethe, geb. Moltke. — **53** Vgl. Winkler, S. 445. — **54** Vgl. Volker Weidermann: Träumer. Als die Dichter die Macht übernahmen (1917). — **55** Wehler, Bd. IV, S. 562. — **56** Vgl. Historisches Lexikon Bayerns. — **57** Vgl. Winkler: Weimar 1918-1933, S. 251, 258. — **58** Vgl. Andreas Kilb: Welt ohne Ordnung, in: Frankfurter Allgemeine Sonntagszeitung, 13.1.2019, S. 37. — **59** Vgl. Winkler, Weimar 1918-1933, S. 306-310. — **60** Vgl. Köhler, S. 164-166, 175, 179f.; Brakelmann S. 33f. — **61** Vgl. Deborah Holmes, S. 83. — **62** Deborah Holmes, S. 178. — **63** Ebd. S. 193. — **64** Vgl. ebd. S. 244f. — **65** Vgl.

ebd. S. 240. — **66** Vgl. ebd. S. 281. — **67** Ebd. S. 280. — **68** Köhler, S. 287. — **69** Vgl. Köhler, S. 285-290. — **70** James Rose Innes: Autobiography, S. 302. — **71** Student der Volkswirtschaft, später Mitglied des Kreisauer Kreises. Carl Dietrich von Trotha (Didi), Sohn von Dorothys Schwägerin Margarethe (Ete), wuchs mit Helmuth James in Kreisau auf, zog als Gymnasiast mit seiner Mutter nach Schweidnitz und studierte dann in Breslau. Dort entwickelte sich der Kontakt zu Rosenstock-Huessy. Helmuth James und Carl Dietrich waren Vettern mit sehr ähnlicher Weltanschauung. — **72** Vgl. Wikipedia. — **73** Vgl. ebd. — **74** Vgl. Brakelmann S. 49-52. — **75** Eine alte Moltke-Stiftung. — **76** Brief an Caspar und Konrad, S. 24f. — **77** Wilhelm von Bode (1845-1929), Generaldirektor der Staatlichen Museen. Die Bauarbeiten wurden 1910 begonnen, verzögerten sich jedoch durch Krieg, Revolution und Inflation. Erst 1930 konnte die Eröffnung einer Ausstellung im Pergamonmuseum stattfinden. — **78** Im Jahr 1930 wurde aus Creisau Kreisau. — **79** Vermutlich Gregor Strasser, denn sein jüngerer Bruder Otto war im Mai 1930 aus der Partei ausgetreten. — **80** Gottfried Feder stand für die programmatischen Inhalte der Bewegung. — **81** Vgl. Winkler, Weimar 1918-1933, S. 403. — **82** Fürst Castell-Castell, zitiert nach Wehler, Deutsche Gesellschaftsgeschichte Bd. IV, S. 323. Leider ist die Darstellung des Adels »in der Schlußphase seiner Agonie« unnötig polemisch ausgefallen, vgl. S. 323-331. — **83** Zitiert nach Brakelmann, S. 65. — **84** Ebd. — **85** Der Reichslandbund (RLB) war die einflussreichste deutsche Bauernvereinigung während der Weimarer Republik. Er war republikfeindlich eingestellt und stand der DNVP nahe. — **86** Vgl. Brief vom 22.11.31. — **87** Vgl. Anmerkung v. Oppen, S. 199: Dort war er Referendar vom 15.9.32 – 15.3.33. Aus Gründen der Abstammung musste 1933 das Anwaltsbüro geschlossen werden. — **88** Heinrich Brüning, Memoiren, S. 588. — **89** Ebd. S. 602. — **90** Ein Zusammenschluss von Gewerkschaften, SPD, Reichsbanner und Arbeitersportorganisationen als Antwort auf die republikfeindliche »Harzburger Front«. — **91** Vgl. Udo Leuschner, Zur Geschichte des deutschen Liberalismus, https://www.udo-leuschner.de — **92** Vgl. Reiner Zilkenat: »Eine Diktatur auf nationaler Grundlage führen!« in: Vereinigung der Verfolgten des Naziregimes. https://dasjahr1933.de/ — **93** Hindenburgs Gut Neudeck in Ostpreußen war überschuldet und darum von seiner Schwägerin Lina von Hindenburg zum Verkauf angeboten worden. Der Reichstagsabgeordnete der DNVP Elard von Oldenburg-Januschau hatte Spenden gesammelt, um das Gut Paul von Hindenburg zum 80. Geburtstag zu schenken. Dieser ließ den Besitz auf seinen Sohn Oskar überschreiben, um spätere Erbschaftssteuern zu umgehen, hatte jedoch Wohnrecht auf Lebenszeit. — **94** Vgl. Winkler, S. 606f. — **95** Vgl. Volker Ullrich: »Ruhig abwarten!«, in ZEIT ON-

LINE (https://www.zeit.de/2017/05). — **96** Brief vom 8.6.1931. — **97** Vgl. Ian Kershaw, Hitlers Macht, S. 49f. — **98** Brief vom 9.2.1931. — **99** Frz.: grundlegende Veränderung, Erschütterung. — **100** Vgl. Ruhm von Oppen, a.a.O. S. 260. — **101** Ian Kershaws spricht in seinem Buch *Hitlers Macht* von Hitlers »Charisma«, um die unglaubliche Wirkung einer im Grunde unbedeutenden Persönlichkeit zu erklären. — **102** Nach der »Machtergreifung« Hitlers setzte Göring die SA als staatliche Hilfspolizei ein. — **103** Freyas Familie. Vgl. Brief vom 22.11.31. — **104** Vgl. Brakelmann S. 74-77. — **105** George W. F. Hallgarten: Hitler, Reichswehr und Industrie. — **106** *Peacemaking 1919*: erschienen 1933 in London. Vgl. Leonhard, Die Büchse der Pandora. — **107** Vgl. Ruhm v. Oppen, a.a.O. S. 287. — **108** A.a.O. S. 41. — **109** Siehe Briefe vom 24. 3. und 30. 3. 1928. Helmuth James hatte schon 1926 Einblicke in das soziale Elend im Waldenburger Steinkohlerevier erhalten und eine Hilfsaktion auf den Weg gebracht. — **110** a.a.O. S. 68f. — **111** Helmuth James von Moltke: Briefe an Freya, S. 606 f. — **112** Eugen Rosenstock-Huessy (1888-1973) war als Rechtshistoriker und Soziologe Professor in Breslau (1923-1933). Davor gab er die erste Daimler-Werkszeitung heraus und war erster Leiter der Akademie für Arbeit in Frankfurt/M. (1921). Er war Mitinitiator der Schlesischen Arbeitslager (1928) und galt als »Erzvater des Kreisauer Kreises« (Walter Hammer). Als Jude emigrierte er 1933 in die USA und unterrichtete am Dartmouth College in Hanover. — **113** Zitat in der Rede Helmuth Caspar Graf von Moltkes: Vom Kreisauer Kreis zum neuen Kreisau, S. 26. — **114** Vgl. a.a.O. S. 28-35.

Literatur

Quellen

Dorothy von Moltke. Ein Leben in Deutschland. Briefe aus Kreisau und Berlin 1907-1934. Hg. Beate Ruhm von Oppen, München 2011. Darin: Einleitung S. VII-XVIII.

Michael Balfour, Julian Frisby, Freya von Moltke: Helmuth James Graf von Moltke 1907 – 1945, Berlin 1984.
Darin: Helmuth James von Moltke: Brief an Caspar und Konrad, geschrieben im Gefängnis Berlin Prinz-Albrecht-Straße vom 28.1.-5.2.1944, S. 9-28.

Catherine R. Hammond: Island of Peace in an Ocean of Unrest: The letters of Dorothy von Moltke. Nebbadoon Press 2013.

James Rose Innes: Autobiography, Kapstadt – London – New York 1949.

Freya von Moltke: Erinnerungen an Kreisau (1930 – 1945), München 2003.

Helmuth James von Moltke: Briefe an Freya (1939 – 1945), hg. Beate Ruhm von Oppen, München 2007.

Helmuth James und Freya von Moltke: Abschiedsbriefe Gefängnis Tegel (September 1944 – Januar 1945), hg. Helmuth Caspar von Moltke und Ulrike von Moltke, München 2013.

Weiterführende Literatur:

Günter Brakelmann: Helmuth James von Moltke. Eine Biographie, München 2007.

Heinrich Brüning: Memoiren 1918-1934, Stuttgart 1970.

Christopher Clark: Die Schlafwandler, München 2013.

Eckart Conze: Die große Illusion. Versailles 1919 und die Neuordnung der Welt, München 2018.

Kurt Finkler: Graf Moltke und der Kreisauer Kreis, Berlin 1993.

Frauke Geyken: Freya von Moltke. Ein Jahrhundertleben 1911-2010. München 2014.

George W. F. Hallgarten: Hitler, Reichswehr und Industrie, Frankfurt/Main 1962.

Arno Herzig: Geschichte Schlesiens, München 2015.

Ian Kershaw: Hitlers Macht, München 2000.

Ian Kershaw: Der Hitler Mythos, München 2018.

Jochen Köhler: Helmuth James von Moltke. Geschichte einer Kindheit und Jugend, Hamburg 2008.
Jörn Leonhard: Die Büchse der Pandora. Geschichte des Ersten Weltkriegs, München 2014.
Jörn Leonhard: Der überforderte Frieden. Versailles und die Welt, München 2018.
Dorothee von Meding (Hg.): Mit dem Mut des Herzens. Die Frauen des 20. Juli: Freya von Moltke, Berlin 1992.
Helmuth von Moltke (1848-1916): Dokumente zu seinem Leben und Wirken Bd. I. Hg. Thomas Meyer, Basel 1993.
Helmuth Caspar Graf von Moltke: Vom Kreisauer Kreis zum neuen Kreisau. Stuttgarter Stauffenberg-Gedächtnisvorlesung 2018, Göttingen 2019.
Markus Osterrieder: Welt im Umbruch, Stuttgart 2014.
Horst Reller u.a.: Handbuch religiöser Gemeinschaften, Gütersloh 1993.
Jochen Thies: Die Moltkes. Biographie einer Familie, München 2012 (ungekürzte Taschenbuchausgabe).
Volker Ullrich: Der Kreisauer Kreis, Hamburg 2008.
Hans-Ulrich Wehler: Deutsche Gesellschaftsgeschichte Bd. 3 (1849-1914), München 2007.
Hans-Ulrich Wehler: Deutsche Gesellschaftsgeschichte Bd. 4 (1914-1949), München 2008.
Volker Weidermann: Träumer. Als die Dichter die Macht übernahmen, Köln 2017.
Heinrich August Winkler: Der lange Weg nach Westen Bd. 1, München 2000.
Heinrich August Winkler: Weimar 1918-1933, Die Geschichte der ersten deutschen Demokratie, München 2018 (Paperback).
Wilhelm Ernst Winterhager (Bearb.): Der Kreisauer Kreis. Porträt einer Widerstandsgruppe. Begleitband zu einer Ausstellung der Stiftung Preußischer Kulturbesitz, Berlin 1985.

Dank

Die Autorin dankt der Herzog August Bibliothek, Wolfenbüttel, Helmuth Caspar von Moltke für die freundliche Begleitung des Projekts sowie Freda Lescow für die kritische Durchsicht des Manuskripts.

Bildnachweise

Alle Abbildungen stammen aus dem Familienarchiv von Moltke. Ausnahmen: James Rose Innes (S. 19) aus seiner Autobiography – Helmuth von Moltke d. J. (S. 51): Universitätsbibliothek Basel.